KB162596

만ㄹ단서 매꾸는

픽셀 아트

만들면서 배우는 픽셀 아트

인디 게임 개발자를 위한 도트 디자인 입문서

초판 1쇄 발행 2020년 10월 05일
초판 3쇄 발행 2022년 11월 25일

지은이 김윤정 / **펴낸이** 김태헌
펴낸곳 한빛미디어(주) / **주소** 서울시 서대문구 연희로2길 62 한빛미디어(주) IT출판2부
전화 02-325-5544 / **팩스** 02-336-7124
등록 1999년 6월 24일 제 25100-2017-000058호 / **ISBN** 979-11-6224-345-9 93000

총괄 송경석 / **책임편집** 홍성신 / **기획** 이상복 / **편집 · 조판** 김철수 / **진행** 김민경
디자인 표지 박정화 내지 김연정
영업 김형진, 김진불, 조유미 / **마케팅** 박상용, 한종진, 이행은, 고광일, 성화정 / **제작** 박성우, 김정우

이 책에 대한 의견이나 오탈자 및 잘못된 내용에 대한 수정 정보는 한빛미디어(주)의 홈페이지나 아래 이메일로
알려주십시오. 잘못된 책은 구입하신 서점에서 교환해드립니다. 책값은 뒤표지에 표시되어 있습니다.

한빛미디어 홈페이지 www.hanbit.co.kr / 이메일 ask@hanbit.co.kr

지금 하지 않으면 할 수 없는 일이 있습니다.
책으로 펴내고 싶은 아이디어나 원고를 메일(**writer@hanbit.co.kr**)로 보내주세요.
한빛미디어(주)는 여러분의 소중한 경험과 지식을 기다리고 있습니다.

인디 게임 개발자를 위한
도트 디자인 입문서

만들면서
배우는

픽셀 아트

김윤정 지음

한빛미디어
Hanbit Media, Inc.

픽셀 아트를 밑바닥부터 배워보고 싶은 분, 픽셀 아트에 관심이 많은 분 모두에게 매력적인 책입니다. 기획자이자 프로그래머의 입장에서 아트를 담당하시는 분들의 노고를 이해할 수 있었고 작업에 있어 최적화된 워크플로를 고민하는 데 도움을 받았습니다. 또한 상당한 지면을 할애하여 포토샵 툴 자체에 대한 어려움으로 생기는 벽까지 낮추었으니 도트 게임을 제작하려는 분들의 입문서로 제격입니다.

송지원 _취미 게임개발자

포토샵의 기초와 설정부터 픽셀 아트의 기초, 캐릭터 애니메이션, 이펙트, 게임 배경, 타일세트까지 픽셀 게임그래픽 입문자에게 필요한 모든 것을 담은 책입니다. 누구나 이해하기 좋게 충분한 이미지를 포함하여 친절하게 설명되어 있고, 픽셀 아트 그림을 그리면서 겪을 수 있는 시행착오에 대한 다양한 노하우도 들어 있습니다. 픽셀 아트를 처음 시작하는 분들께 특히 추천하고 싶습니다.

김민지 _넥슨코리아

캐릭터, 애니메이션, 이펙트, 배경까지 픽셀 아트 게임의 모든 요소를 예제를 통해 직접 만들어 보고, 그 예제를 바탕으로 한 설명으로 원리를 쉽게 알 수 있게 구성한 책입니다. 픽셀 아트를 특정 툴로 그려내는 기술에 집중한 내용이 아니라 픽셀 아트나 툴에 익숙하지 않은 입문자라도 책의 내용을 따라 만들다 보면 그 원리를 알게 되어 픽셀 아트 게임 제작을 위해 꾸준히 쓰일 수 있는 지식을 얻을 수 있습니다. 픽셀 아트 게임을 만들 목적으로 이전에도 게임 픽셀 아트에 관련한 책을 여러 권 봤지만 알맞은 예제를 제시하지 않고 기술에만 집중하거나, 원리에 대한 설명 없이 예제로만 진행하는 방식의 책이 대부분이었습니다. 이 책은 입문자도 쉽게 따라할 수 있는 예제를 통해 픽셀 아트 게임을 직접 만들어 보지 않으면 쉽게 얻을 수 없는 원리를 설명하고 있어 픽셀 아트 게임을 만들고 싶은 입문자가 직접 만들며 배울 수 있는 가장 좋은 책이라고 생각합니다.

조주열 _수퍼트리

픽셀 아트를 전혀 접해본 적이 없는 사람이라 하더라도 책의 예제를 하나하나 따라 하는 것만으로도 나만의 픽셀 아트를 만들 수 있는 실력을 쌓을 수 있는 책입니다. 만약 이 책이 몇 년 전에 나왔다면 픽셀 아트로 직접 게임을 만들어보면서 픽셀 아트를 본격적으로 배울 수 있었을 것입니다. 픽셀 아트를 처음 배우는 분이나 픽셀 아트로 게임을 만들려고 몇 번이나 시도했지만 매번 좌절하셨던 분에게 이 책을 추천합니다.

박성국 _Wooga

공부에는 초반에 길을 잡아주는 선생님이 필요합니다. 이 책은 기초적인 부분 또한 탄탄하면서 픽셀 아트에 대한 총체적인 내용을 한 권에 모두 담고 있는 강력한 입문서입니다. 도트를 입문하고자 하는 여러분에게 좋은 선생님이 될 거라고 생각하며 추천합니다.

한현구 _게임개발자

도트 그래픽에 도전하고 싶은 여러 직군에 도움이 될 좋은 책입니다. 초보자도 처음부터 차근차근 따라한다면 자신만의 도트 캐릭터, 애니메이션, 이펙트를 훌륭히 만들어낼 수 있게 될 겁니다. 기초부터 시작하여 퀄리티를 높일 수 있는 다양한 노하우가 들어 있습니다. 자신만의 도트 캐릭터로 게임을 만들어보고 싶은 많은 분에게 좋은 길잡이가 되어줄 이 책의 출간을 환영합니다. 책을 읽고 나니 저만의 도트 캐릭터를 만들어 보고 싶은 욕심이 생기네요.

허영중 _다에리소프트

게임그래픽 관련 서적은 많지만 가장 기본이 되면서도 오랫동안 꾸준히 사랑받고 있는 도트 그래픽 관련 책자는 보기 힘듭니다. 독학으로 공부하던 저에게 이 책은 도트의 시작부터 애니메이션, 이펙트까지 쉽게 따라할 수 있도록 설명해주어 2D 게임에 사용되는 리소스를 만들 수 있도록 사이다 같은 가르침을 주었습니다. 단순히 픽셀 아트 그리는 방법이 아닌 실제 게임에 사용될 때를 위한 팁들이 많아 도트 그래픽 게임을 만들어보고 싶은 분들께 두고두고 볼 수 있는 교본이 될 것입니다.

이형주 _그래픽 디자이너 지망생

많은 인디 게임 개발자는 자신만의 게임을 만들고 싶어 합니다. 하지만 함께 게임을 만들 협업자를 만나기가 쉽지 않습니다. 무료/유료 에셋을 찾아봐도 내 게임 컨셉에 맞는 에셋을 찾기 힘들고, 게임그래픽 외주를 맡기기엔 제법 많은 돈이 듭니다.

"그럼 내가 이참에 배워서 한번 그려볼까?"

그렇다면 여기 잘 오셨습니다! 이 책의 내용을 응용하면 누구나 자신만의 게임을 만들 수 있습니다. 그래픽에 소질 없는 초보 분들도 쉽게 따라할 수 있도록 제작 과정을 단계별로 풀어서 집필하였으며, 이 책의 마지막 장을 덮을 때쯤 어느새 머릿속에 하나의 게임이 완성되어 있을 겁니다.

게임 만드는 것을 업으로 삼아온 지 어느덧 17년이 되었습니다. 게임회사도 오래 다녔고, 학생과 개발자 분들을 대상으로 도트 강의도 많이 했지만, 책으로 정리하는 건 생각보다 쉽지 않았습니다. 도트에 정리된 어떤 이론이 있는 게 아니기 때문에 어떻게 풀어내야 할지 꽤 오랜 시간 고민했습니다. 이 책에는 제가 그동안 겪었던 수많은 시행착오와 그것을 통해 깨달은 요령을 정리해두었습니다. 누군가의 가르침 대신 많은 책을 읽어보고, 직접 그려보고, 지우고 또 그려보기를 반복하면서 얻은 값진 지식들입니다. 부디 도트를 새로 시작하는 분들께 작은 도움이 되길 바랍니다.

이 책의 예제들은 처음부터 책을 목적으로 만든 샘플은 아닙니다. 게임잼GAMEJAM이라는 행사에서 실제로 제가 완성했던 게임들의 리소스입니다. 게임잼은 처음 만난 사람들과 즉흥적으로 팀을 결성하고, 2박3일 동안 함께 밤을 지새우며 게임을 만드는 인디개발 축제입니다.

해피코기Happy Corgi는 2018년 9월 부산에서 열린 BIC Make Play JAM에서, '철수를 구하시오(3점)'는 2019년 10월 서울에서 열린 STL Game Jam에서 만들었습니다. 게임잼에서 이 게임들을 기획해주신 기획자 김연후 님과 정상현 님께 이 자리를 빌려 감사의 말씀을 전합니다. 여러분과 함께 만들었던 인디 게임이 드디어 세상의 빛을 보게 되었습니다. 함께 기뻐해주실 거라 믿습니다!

이 책을 먼저 읽고 제가 놓쳤던 부분을 미리 알려주신 베타리더 분들께 감사드립니다. 300페이지가 넘는 긴 책을 꼼꼼히 읽고 좋은 의견을 많이 주셔서 정말 감사했습니다. 보내주신 피드백은 대부분 반영했습니다만, 아쉽게도 제가 맥을 한 번도 써본 적이 없어서 맥 사용자들을 배려할 수 없었던 점은 양해 부탁드립니다.

끝으로 이 책이 세상에 나오기까지 인내심을 갖고 기다려주신 편집자님과 출판사 분들께 감사드립니다. 무려 2년여의 긴 시간이 걸렸지만 그만큼 내용이 풍성해졌으니 용서해주세요. 그동안 마음고생 시켜 정말 죄송합니다. ㅜㅁㅜ

김윤정 icemage@empas.com

2000년대 초반 피처폰 시절 도트 디자이너로 입사해서 게임회사 2D/3D 디자이너 생활 12년을 마치고 유유자적 살아가고 있는 인디개발자입니다. 게임잼(GAMEJAM)에 참가하시면 밤새도록 게임 만들고 있는 저자를 매우 높은 확률로 발견할 수 있을 겁니다. 2020년 8월 기준 30회 참가를 했거든요.

4년 전 어느 게임잼에서 우연히 같은 팀 개발자를 게임그래픽의 세계로 인도한 것을 계기로 개발자들을 도트의 길로 입문시키는 사람이 되었습니다(반년 후 1인 개발로 게임 출시하신 걸 보고 깜짝 놀랐어요!). 때론 청소년을 돕는 멘토로, 때론 함께 게임을 만드는 동료로 인생 만렙(100세) 찍을 때까지 게임 만드는 것이 제 목표입니다.

IGC2017에서 〈개발자를 위한 도트디자인〉을 주제로 강연했고, 한국콘텐츠진흥원에서 주최한 대한민국 게임잼의 사전교육으로 〈도트 클리커 게임 만들기〉, 경기콘텐츠진흥원 경기게임아카데미 오픈클래스 〈레트로풍 도트디자인〉의 1기와 2기 강의, 경기도 온라인 평생학습 GSEEK 〈콕! 찍어 만드는 세상, 도트그래픽〉 등 그동안 도트를 주제로 하여 많은 강의를 했습니다.

책에 관해 궁금한 게 있으면 언제든지 페이스북 '유유자적 라이프'로 문의하세요.

https://www.facebook.com/livefreelygames

대상 독자

이 책은 1인 개발자, 소규모 인디개발팀, 게임그래픽 디자이너가 되고 싶은 학생 등 도트그래픽에 흥미를 가진 초보자들을 위한 도트그래픽 입문서입니다. 도트를 배우고 싶은데 어디서부터 공부해야 할지 막막한 분들을 위해 도트 작업의 기본부터 알려드립니다. 쉽게 따라할 수 있는 예제를 통해 게임그래픽이 어떻게 만들어지는지 차근차근 배울 수 있습니다. 또한 편집 도구로서의 포토샵이 아닌 게임그래픽을 하는 사람이라면 반드시 알아야 할 기초적인 이론들도 풀어서 담았습니다. 이 책을 통해 게임그래픽에 흥미를 느끼게 되어 좀 더 깊이 있게 공부를 하고 싶은 분들은 미술 분야의 전문서를 추천 드립니다. 미학은 기술이 아닌 미술의 영역이니까요. 도트는 결국 작은 그림입니다.

이 책의 개발 환경

이 책은 포토샵 21.1.3 윈도우 버전을 기준으로 작성되었습니다. 이 책에서 사용한 기능들은 대부분 포토샵의 기본 기능입니다. 포토샵은 버전이 업데이트되어도 기본 기능은 크게 달라지지 않기 때문에 버전이 달라도 이 책을 보고 따라 하는 데 크게 어려움은 없습니다. 단, 포토샵 CC 이전 버전의 경우 일부 기능이 지원되지 않거나 메뉴의 이름과 위치가 조금 다를 수 있음을 알려드립니다.

이 책의 구성

이 책은 9개 장으로 구성되어 있습니다. 포토샵을 처음 사용하는 초보자는 1장부터 순서대로 읽을 것을 권해드립니다. 어느 정도 기본기를 갖고 계신 분은 궁금한 장부터 읽어도 좋습니다.

1장에서는 포토샵의 기능을 배웁니다. 2~3장에서는 도트를 어떻게 그려야 하는지 시각적 표현 방법을 배웁니다. 4~6장에서는 분야별로 게임 리소스를 만드는 방법을 배웁니다. 7~8장에서는 본격적인 플랫포머 게임 프로젝트를 만듭니다. 9장에서는 게임의 완성도를 높이는 방법, 전체적으로 조화를 이룬 하나의 게임으로 다듬는 요령을 배웁니다.

1장 포토샵 시작하기

"포토샵? 그거 사진 편집할 때 사용하는 프로그램 아닌가요?" 네, 맞습니다. 근데 이 책에선 게임 리소스 제작 프로그램으로서 포토샵을 소개합니다. 포토샵의 기본 기능들을 배우면서 여러분의 첫 번째 도트 캐릭터를 만들어봅시다!

2장 기본기 익히기

기술만 가지고 있다 해서 바로 그림을 그릴 순 없습니다. 도트에서 점, 선, 면을 어떻게 표현하는지, 명암은 어떻게 표현하는지 같은 시각적 표현 방법을 배웁니다.

3장 팔레트와 색상

같은 크기, 같은 캐릭터라도 느낌이 다른 건 저마다 가진 센스가 다르기 때문입니다. 색감은 감각과 재능의 영역이기도 하지만 관찰과 연습을 통해 어느 정도 익힐 수 있습니다. 색상을 선택하는 방법, 색상을 바꾸는 방법, 색상을 관찰하는 방법 등을 배웁니다.

4장 애니메이션

슬라임과 캐릭터 애니메이션을 만듭니다. 애니메이션은 여러 장의 그림을 그려서 순차적으로 재생하는 것만이 전부는 아닙니다. 애니메이션에는 느낌을 살리는 포인트가 있습니다. 어떤 게 있는지 궁금하지 않나요?

5장 이펙트

이펙트는 기승전결을 가진 일종의 도형 애니메이션입니다. 이펙트를 구상하는 방법과 색으로 강약을 표현하는 방법을 배웁니다.

6장 배경

게임에서 반복해서 사용하는 작은 조각인 타일에 관해 배웁니다. 여러 재질의 기본 타일을 만들고, 다양한 지형을 만들 수 있는 조합형 타일세트를 만들어봅니다. 이것을 응용하면 혼자서 RPG 배경도 만들 수 있습니다.

7장 플랫포머 게임 만들기(1)

타일 방식의 플랫포머 도트 게임을 만듭니다. 지금까지 배운 것을 바탕으로 캐릭터, 배경, 오브젝트, UI 등 게임에 필요한 모든 리소스를 직접 만들어봅니다.

8장 플랫포머 게임 만들기(2)

횡스크롤 게임을 보면 배경에 깊이가 있습니다. 원경, 중경, 근경으로 여러 개의 레이어를 가진 플랫포머 게임을 만들어봅니다.

9장 플랫포머 게임 만들기(3)

게임은 전체적인 조화가 중요합니다. 캐릭터와 배경, UI를 한 장에 모두 합쳤을 때 복잡하고 어수선하다면 각 요소의 강약을 조절해야 합니다. 게임의 마지막 단추인 게임의 완성도를 높이는 요령을 배웁니다.

CONTENTS

CHAPTER 1 **포토샵 시작하기**

CONTENTS

애니메이션

CONTENTS

CHAPTER 7 **플랫포머 게임 만들기(1)**

CONTENTS

CHAPTER 8 플랫포머 게임 만들기(2)

CHAPTER 9 플랫포머 게임 만들기(3)

포토샵 시작하기

포토샵은 1990년 어도비 사에서 개발한 래스터^{raster} 그래픽 편집 프로그램입니다. 강력한 편집 기능을 제공하고 있어 누구나 쉽게 자신이 원하는 대로 이미지를 편집할 수 있습니다. 사진 합성을 할 때 사용하는 프로그램으로 잘 알려져 있지만 사진 편집뿐만 아니라 영화 포스터, 일러스트레이션, 웹툰, 웹 디자인과 앱 디자인, 광고 디자인, 게임 등 여러 분야에서 매우 폭넓게 사용되고 있는 그래픽 프로그램입니다.

래스터 방식과 벡터 방식

컴퓨터 그래픽은 크게 래스터(raster) 방식과 벡터(vector) 방식으로 구분할 수 있습니다.

수많은 픽셀들을 모아 하나의 이미지를 구성하는 방식을 래스터(raster) 또는 비트맵(bitmap) 그래픽이라 부릅니다. 픽셀 단위로 모든 정보를 가지고 있어 세밀한 그래픽을 표현할 수 있습니다. 대신 작은 이미지를 크게 확대했을 때 뿌옇게 흐려지면서 이미지가 손상되는 게 특징입니다. 어도비 포토샵(Photoshop)은 래스터 방식의 편집 프로그램입니다.

두 점을 수학적 계산에 따라 만들어진 선으로 이어서 이미지를 구성하는 방식을 벡터(vecter) 그래픽이라 부릅니다. 축소하거나 확대해도 이미지가 손상되지 않는 게 특징입니다. 대신 세밀한 그래픽을 표현하기 어렵습니다. 어도비 일러스트레이터(Illustrator)는 벡터 방식의 편집 프로그램입니다.

포토샵에는 다양한 편집 기능이 들어 있습니다. 하지만 도트 작업을 하는 데는 많은 기능이 필요하지 않습니다. 이 장에서는 도트 작업을 하기 위해 꼭 필요한 기능 위주로 살펴보도록 하겠습니다.

> NOTE 포토샵 실무 디자이너들은 대부분 영문판을 사용하기 때문에 이 책에서는 화면 캡처를 영문판에서 하였으며, 메뉴와 옵션을 영문판으로 설명하고 있습니다. 하지만 한글판을 사용하는 독자도 쉽게 따라할 수 있도록 한글 메뉴와 옵션을 함께 표시하였습니다. 이 책의 예제는 포토샵 영문판 21.1.3 release를 기준으로 제작했습니다.

1.1 새 이미지 만들기

포토샵에서 새로운 이미지를 만드는 방법을 알아보겠습니다.

01 포토샵을 실행한 뒤 초기 화면에서 Create new(새로 만들기) 버튼을 누르거나 메뉴에서 File(파일) → New(새로 만들기)를 선택합니다.

새로운 이미지를 만듭니다.

기존 파일을 불러옵니다.

최근에 사용한 파일이 보입니다.
클릭하여 불러올 수 있습니다.

- Create new(새로 만들기) : New Document(새로 만들기 문서) 창에서 새로 만들 이미지의 폭과 높이를 설정할 수 있습니다.
- Open(열기) : Open(열기) 대화상자에서 기존 이미지를 선택하여 불러올 수 있습니다.

02 New Document(새로 만들기 문서) 창이 뜨면 이미지의 Width(폭)와 Height(높이), Resolution(해상도) 등을 설정하고 Create(제작) 버튼을 누릅니다.

우리는 Width를 16픽셀, Height를 16픽셀로 지정하여 16×16의 새 이미지를 만들겠습니다. 단위가 Pixels(픽셀)로 되어 있는지 꼭 확인하세요. Resolution(해상도)은 72로 지정합니다.

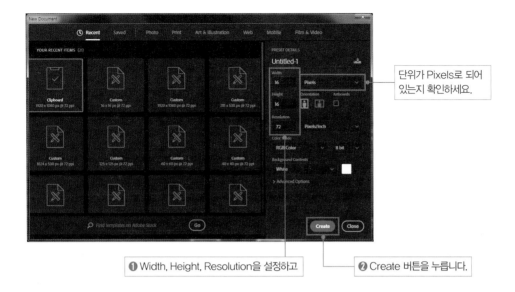

단위가 Pixels로 되어
있는지 확인하세요.

❶ Width, Height, Resolution을 설정하고

❷ Create 버튼을 누릅니다.

1.2 화면 확대/축소하기

가운데 보이는 하얀 사각형이 우리가 그림을 그릴 수 있는 캔버스입니다. 16×16은 손톱보다
작은 크기입니다. 그러므로 그림을 그릴 때는 캔버스를 확대해야 합니다.

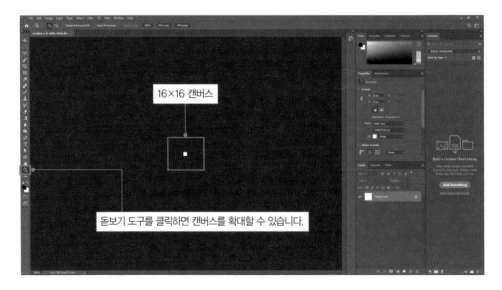

16×16 캔버스

돋보기 도구를 클릭하면 캔버스를 확대할 수 있습니다.

01 도구 패널에서 🔍 돋보기 도구(Zoom Tool)를 클릭합니다.

02 커서가 🔍 +가 표시된 돋보기 모양으로 바뀌면 캔버스를 클릭하여 확대할 수 있습니다.

클릭하여 확대합니다.

03 Alt 키를 누르면 커서가 🔍 −가 표시된 돋보기 모양으로 바뀌는데 캔버스를 클릭하여 축소할 수 있습니다.

TIP 화면 확대/축소 단축키는 Ctrl + + 와 Ctrl + - 입니다.

돋보기 도구 옵션 패널

다음 그림은 🔍 돋보기 도구(Zoom Tool)를 클릭했을 때 화면 상단에 나타나는 옵션 패널입니다.

- 🔍나 🔍 아이콘을 클릭하면 이미지를 확대 또는 축소할 수 있도록 커서 모양이 변경됩니다.
- Zoom All Windows(모든 창 확대/축소)를 체크하면 현재 화면에 있는 모든 창에서 이미지가 확대/축소되고, 체크 해제하면 현재 활성화되어 있는 창에서만 이미지가 확대/축소됩니다.
- Resize Windows to Fit(창 크기 조정)을 체크하면 이미지를 확대/축소할 때 창도 함께 확대/축소됩니다.

오른쪽에 있는 3개의 버튼을 눌러 이미지 크기를 한 번에 조정할 수 있습니다.

- 100% : 이미지가 실제 크기로 확대/축소됩니다.
- Fit Screen : 이미지가 화면에 꼭 맞게 확대/축소됩니다.
- Fill Screen : 이미지가 화면을 가득 채웁니다.

1.3 레이어 추가/삭제하기

그림을 그릴 때는 먼저 필요한 레이어^{Layer}를 추가한 다음에 그리며, 필요 없는 레이어는 삭제할 수 있습니다. 항상 어떤 레이어에서 작업하고 있는지 확인해야 합니다. 현재 작업 중인 레이어는 밝은 회색으로 선택되어 있습니다.

01 레이어 창에서 ⊞ 레이어 추가 아이콘을 클릭하면 레이어(Layer 1)가 추가됩니다. 레이어 추가 아이콘은 포토샵 버전에 따라 ◪ 로 표시되기도 합니다.

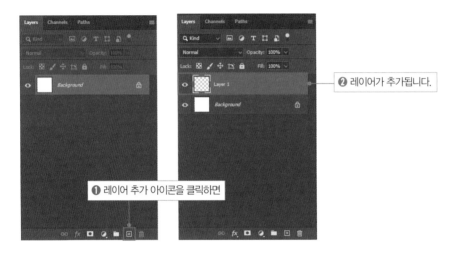

TIP 레이어 창이 보이지 않으면 Window(창) → Layer(레이어)를 선택하여 나타낼 수 있습니다.

02 레이어(Layer 1)를 선택하고 🗑 레이어 삭제 아이콘을 클릭하거나 Delete 키를 누르면 선택한 레이어가 삭제됩니다.

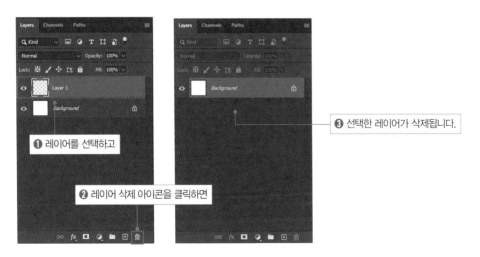

레이어

포토샵에는 레이어라는 개념이 있습니다. 불투명한 흰색의 Background(배경) 레이어가 가장 바닥에 있고, 그 위에 투명한 레이어가 차곡차곡 쌓이는 구조입니다. 각 레이어에서 같은 자리에 이미지가 겹친다면 가장 위에 있는 레이어에 그려진 이미지가 보입니다.

레이어는 필요에 따라 드래그하여 순서를 바꿀 수 있고(하지만 Background 레이어보다 아래에 위치할 수는 없습니다. Background 레이어는 항상 제일 아래에 위치합니다), 이름도 변경할 수 있습니다(한글 가능). 또한 그룹으로 묶어서 관리할 수도 있습니다.

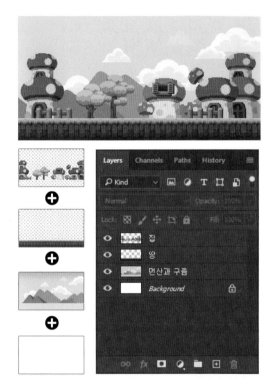

레이어를 나누는 이유는 쉽게 편집하기 위해서입니다. 처음에 레이어를 잘 나눠두면 부분적으로 수정할 때 무척 편리합니다. 포토샵은 레이어 단위로 수정할 수 있고, 같은 레이어에 그려진 것은 같은 영향을 받기 때문에 기본적으로 스케치 레이어와 색칠 레이어는 따로 나눕니다. 그 외에는 예상되는 수정에 따라 레이어를 나누게 됩니다. 캐릭터를 예로 들어보겠습니다.

1 캐릭터의 옷을 갈아입힐 것 같다 → 옷 레이어와 몸 레이어를 나눈다.
2 옷의 디자인은 같은데, 일반템은 [빨강 망토+갈색 로브]이고, 레어템은 [파란 망토+보라색 로브]다 → 옷 레이어를 로브 레이어와 망토 레이어로 한 번 더 나눈다.
3 몸통은 고정인데, 팔만 움직이게 될 것 같다 → 몸통 레이어와 팔 레이어를 나눈다.

흰색과 투명

흰색과 투명은 전혀 다른 개념입니다. 흰색은 모든 픽셀이 #FFFFFF 100%로 채워진 것이고, 투명은 어떤 색도 칠해지지 않은 것입니다. 포토샵에서 Background(배경) 레이어는 왼쪽 그림과 같이 흰색으로 칠해져 있고, 그 외 나머지 레이어는 오른쪽과 같이 체크무늬로 표시되어 투명합니다.

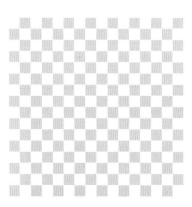

다음은 흰색의 Background 레이어가 보이게 한 캐릭터(왼쪽 그림)와 Background 레이어의 눈 아이콘을 꺼서 Background 레이어가 보이지 않게 한 투명한 캐릭터(오른쪽 그림)입니다.

▶ 배경이 흰색으로 채워진 캐릭터   ▶배경이 투명한 캐릭터

흰색이 많이 들어 있는 그림을 그릴 경우 Background 레이어도 흰색이므로 그림과 배경을 구분하기 쉽지 않습니다. 그래서 Background 레이어는 작업 편의상 흰색 대신 다른 색(예를 들면 회색이나 분홍색 등. 이 책에서는 주로 녹색을 사용했습니다)으로 바꾸기도 합니다. 캐릭터나 이펙트의 경우 마지막 저장 단계에서 배경색이 보이지 않도록 Background 레이어의 눈 아이콘을 끄고 저장합니다.

Background 레이어에 그림을 그렸어요

Background(배경) 레이어에는 그림을 그리지 않습니다. 만약 실수로 Background 레이어에 그림을 그렸다면 ❶ Background 레이어를 복제하여 새로운 레이어를 만든 뒤(아래 그림에서 Layer 1) ❷ 새로 만들어진 레이어에서 🪄 자동 선택 도구(Magic Wand Tool)로 흰색 여백 부분을 클릭하여 선택하고 ❸ Delete 키를 눌러 여백을 지웁니다. ❹ 그리고 Background 레이어의 눈 아이콘을 끄고 *.png로 저장하면 됩니다.

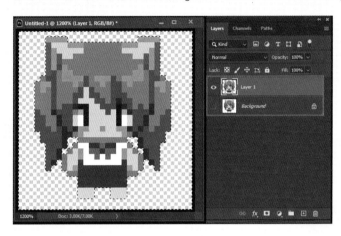

1.4 연필로 그리기

01 도구 패널에서 ✏️ 연필 도구(Pencil Tool)를 클릭합니다. 연필의 단축키는 B입니다.

02 연필 크기가 1인지 확인합니다. 1이 아니라면 1로 바꿔줍니다.

연필 크기를 1로 바꿔줍니다.

▶ 연필 도구 옵션 패널

03 연필로 캔버스에 그림을 그립니다.

04 Shift 키를 누르고 그리면 직선을 그릴 수 있습니다.

05 Shift 키를 누르고 두 점을 찍으면 두 점 사이에 직선이 그려집니다.

연필 도구가 보이지 않아요. 어디에 있나요?

오른쪽 아래에 삼각형 표시가 있는 도구는 비슷한 기능의 도구가 숨어 있다는 것을 알려주는 것입니다. 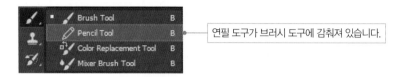 브러시 도구와 연필 도구는 같은 도구 위치에 들어 있으며 하나는 숨어 있습니다. 이는 도구 패널에 더 많은 도구를 나타내기 위한 방법입니다. 그러므로 연필 도구가 보이지 않으면 브러시 도구를 클릭한 뒤 연필 도구를 선택할 수 있습니다. 도구 패널에는 마지막에 사용한 도구가 보입니다.

연필 도구가 브러시 도구에 감춰져 있습니다.

연필과 붓의 차이

연필은 픽셀이 선명하지만 붓은 픽셀이 번집니다. 그러므로 도트 작업을 할 때는 연필을 사용합니다. 다음은 연필로 그렸을 때(왼쪽)와 붓으로 그렸을 때(오른쪽)의 차이점을 보여줍니다.

▶ 연필로 그렸을 때   ▶ 붓으로 그렸을 때

1.5 지우개로 지우기

01 도구 패널에서 🧽 지우개 도구(Eraser Tool)를 클릭합니다.

02 옵션 패널에서 Mode(모드)를 Block(블럭)으로 변경합니다. 기본값은 Brush(브러시)입니다.

Mode를 Block로 바꿉니다.

03 지우개로 필요 없는 이미지를 지웁니다.

지우개 모드별 차이

지우개는 다음 세 가지 모드를 지정하여 사용할 수 있습니다.

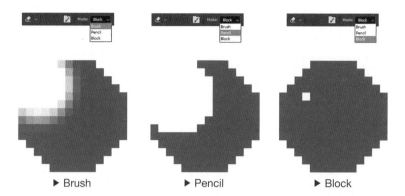

▶ Brush   ▶ Pencil   ▶ Block

- Brush(브러시) : 붓 타입으로 번지면서 지워집니다.
- Pencil(연필) : 지우개 크기만큼 깔끔하게 지워집니다.
- Block(블럭) : 1픽셀 크기로 깔끔하게 지워집니다.

1.6 그리드 세팅

다음과 같이 1픽셀마다 그리드(격자)가 그려지도록 격자 간격을 변경하겠습니다.

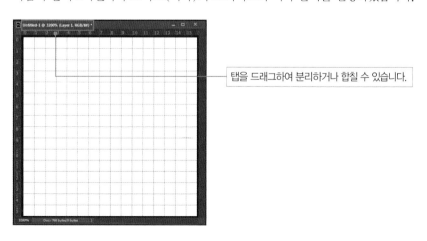

탭을 드래그하여 분리하거나 합칠 수 있습니다.

TIP 파일명이 적힌 탭을 드래그하면 탭에서 창을 분리할 수 있습니다.

01 메뉴에서 Edit(편집) → Preference(환경 설정) → Guide, Grid & Slice(안내선, 그리드 및 분할 영역)를 선택합니다.

02 Grid(격자)에서 Gridline Every(격자 간격)를 1 Pixels(픽셀)로, Subdivisions(세분)를 1로 변경하고 OK 버튼을 누릅니다.

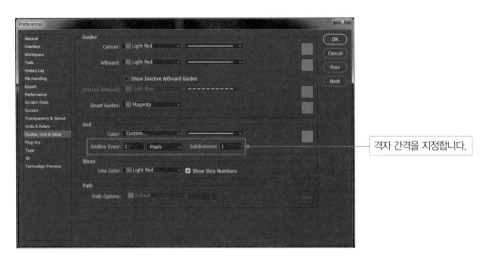

격자 간격을 지정합니다.

03 격자를 보려면 메뉴에서 View(보기) → Show(표시) → Grid(격자)를 선택하여 체크합니다.

선택하여 체크합니다.

1.7 그림 그리기

연필과 지우개를 사용하여 캐릭터를 그려보겠습니다.

01 '새로 만들기'를 클릭하여 16×16의 새 캔버스를 만듭니다.

02 레이어 창에서 ⊞ 레이어 추가 아이콘을 클릭하여 새 레이어를 추가합니다.

03 ✎ 연필 도구(Pencil Tool)를 클릭한 뒤 다음과 같이 그립니다.

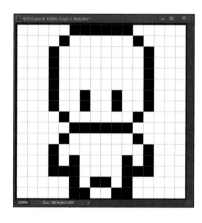

그림은 여기에 그립니다.

Background에는 그림을 그리지 않습니다.

04 잘못 그린 선을 지울 때는 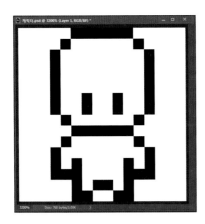 지우개 도구를 클릭한 뒤 지우면 됩니다.

05 View(보기) → Show(표시) → Grid(격자)를 선택하여 Grid(격자) 체크를 해제하면 그리드가 보이지 않게 할 수 있습니다.

TIP Ctrl + H 또는 Ctrl + ' 를 눌러도 그리드를 보이거나 보이지 않게 할 수 있습니다.

1.8 눈금자 세팅

이왕이면 정확히 몇 번째 픽셀인지 알아보기 쉬웠으면 좋겠습니다. 이때 유용한 기능이 바로 눈금자입니다.

01 메뉴에서 View(보기) → Ruler(눈금자)를 선택하여 체크하면 다음과 같이 눈금자가 보입니다.

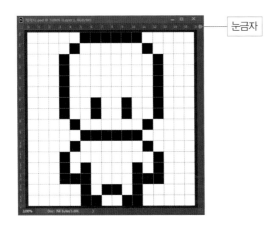

눈금자

TIP 눈금자가 픽셀 단위로 보이지 않으면 메뉴에서 Edit(편집) → Preference(환경 설정) → Units & Rulers(단위와 눈금자)를 선택한 뒤 Units(단위)에서 Rulers(눈금자)를 Pixels(픽셀)로 바꿉니다.

1.9 멀티 윈도우 띄우기

작업 중인 화면은 현재 3200% 확대된 이미지입니다. 실제 이미지는 손톱보다 작습니다. 이미지 작업을 할 때는 실제 크기에서 어떻게 보이는지 수시로 확인하면서 작업해야 하는데 매번 돋보기 도구로 확대/축소하면 무척 번거로울 것입니다. 이때 미리보기 윈도우를 하나 더 띄우면 편리합니다.

01 Window(창) → Arrange(정돈) → New Window for 파일명(파일명의 새 창)을 선택하면 창이 하나 더 생깁니다.

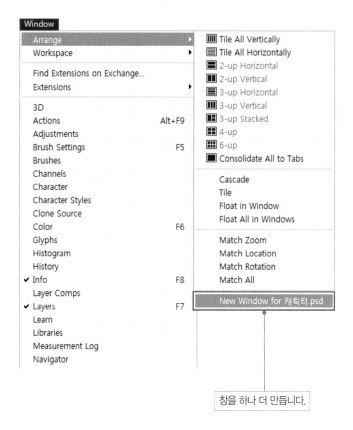

창을 하나 더 만듭니다.

02 두 창을 보기 좋게 나란히 배치합니다.

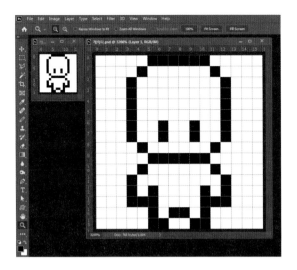

하나는 작업용으로, 다른 하나는 미리보기용으로 나란히 보면서 작업하면 편리합니다. 둘 중
어느 쪽을 수정해도 다른 윈도우에 실시간으로 반영되므로 수정할 때 고민하지 않아도 됩니다.

1.10 전경색 바꾸기

도구 패널의 하단을 보면 전경색과 배경색을 알 수 있습니다. 전경색은 연필이나 브러시 등으로
그림을 그릴 때 사용되는 색상입니다. 지우개로 지울 때는 배경색이 사용됩니다. 전경색과 배경
색의 기본색은 각각 검정과 흰색입니다.

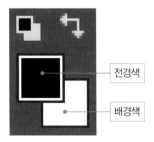

지금부터 전경색(또는 배경색)을 바꾸는 여러 가지 방법을 알아보겠습니다. 상황에 따라 가장
편한 방법을 사용하면 됩니다.

1.10.1 색상 피커

도구 패널 하단에서 전경색을 클릭하면 색상 피커(Color Picker)로 전경색을 선택할 수 있습니다.

01 도구 패널에서 전경색을 클릭합니다. 전경색의 기본색은 검정입니다.

전경색을 클릭합니다.

02 도구 패널에서 ![스포이드] 스포이드 도구(Eyedropper Tool)가 자동으로 선택되며 다음과 같은 Color Picker(색상 피커) 창이 뜹니다. 슬라이더를 조정해가며 색상을 클릭하거나 RGB값, 16진수 코드를 직접 입력하여 색상을 지정할 수 있습니다. 빨간색을 선택하고 OK를 누릅니다.

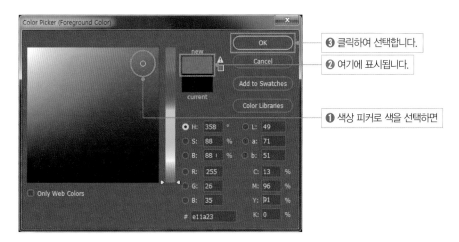

❸ 클릭하여 선택합니다.

❷ 여기에 표시됩니다.

❶ 색상 피커로 색을 선택하면

03 전경색이 빨간색으로 바뀐 것을 확인할 수 있습니다. 기본색으로 돌릴 때는 위에 있는 작은 아이콘을 클릭하면 됩니다.

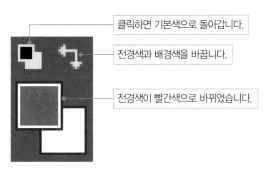

클릭하면 기본색으로 돌아갑니다.

전경색과 배경색을 바꿉니다.

전경색이 빨간색으로 바뀌었습니다.

1.10.2 스포이드 도구

현재 이미지에 사용된 색상이 궁금할 때가 있습니다. 이때 스포이드로 이미지의 색상을 클릭하여 색상값을 읽어올 수 있습니다.

01 도구 패널에서 ✏ 스포이드 도구(Eyedropper Tool)를 클릭합니다.

02 스포이드로 머리카락 부분을 클릭합니다.

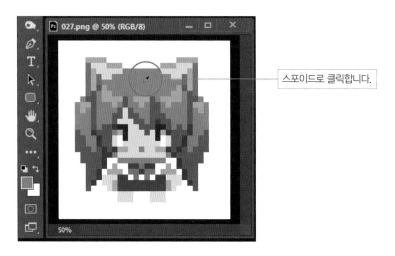

스포이드로 클릭합니다.

03 전경색이 빨간색 대신 캐릭터의 머리카락 색상으로 바뀌었습니다.

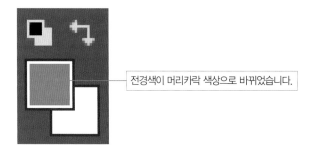

전경색이 머리카락 색상으로 바뀌었습니다.

1.10.3 색상 견본

포토샵에서는 다양한 팔레트를 기본 제공합니다. 특정 팔레트를 불러올 수도 있고, 평소 자주 사용하는 색상들을 등록하여 자신만의 팔레트를 만들 수도 있습니다. 팔레트를 사용하면 한눈에 배색을 정할 수 있어서 색상에 대한 고민이 줄어들고, 전체적인 통일감도 생깁니다.

01 메뉴에서 Window(창) → Swatches(색상 견본)를 선택합니다.

02 Swatches(색상 견본) 탭에서 원하는 색상을 클릭합니다.

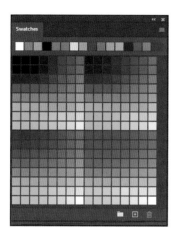

1.11 넓은 면적을 채우는 방법 – 페인트 통

넓은 면적에 색상을 채울 때는 ✏️ 연필 도구(Pencil Tool)보다 🪣 페인트 통 도구(Paint Bucket Tool)로 채우는 게 더 편리합니다. 도구 패널에 페인트 통 도구가 보이지 않으면 ⬛ 그레이디언트 도구를 클릭하면 찾을 수 있습니다.

페인트 통 도구를 사용할 때 주의할 점은 반드시 Anti-alias(앤티 앨리어스) 옵션을 체크 해제 해야 한다는 것입니다. 도트 작업을 할 때 Anti-alias를 해제하는 것은 매우 중요합니다. 픽셀이 뿌옇게 번지기 때문인데요, 그럴 땐 [Ctrl] + [Z]로 뇌돌리고 Anti-alias 옵션을 체그 해제 한 후 다시 한 번 해보세요.

Tolerance(허용치)에는 칠할 색상 범위를 지정합니다.

Contiguous(인접) 옵션을 체크하면 닫힌 영역만 채워지고, 체크 해제하면 전체 영역이 채워집니다.

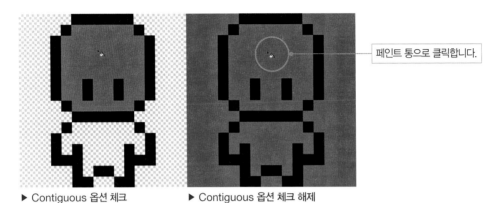

페인트 통으로 클릭합니다.

▶ Contiguous 옵션 체크   ▶ Contiguous 옵션 체크 해제

앤티 앨리어스

포토샵에서는 계단 현상을 줄이고 이미지를 부드럽게 보정하는 기술로 Anti-alias(앤티 앨리어스)가 기본으로 체크되어 있습니다. 하지만 도트 작업에서는 이 기능을 사용하지 않습니다. 뿌옇게 번지기 때문입니다.

🔘 올가미 도구(Lasso Tool), 🪣 페인트 통 도구(Paint Bucket Tool), 🪄 자동 선택 도구(Magic Wand Tool) 등을 사용할 때도 마찬가지입니다. 도트 작업을 할 때는 반드시 Anti-alias(앤티 앨리어스) 옵션을 체크 해제해야 합니다. 다음 그림은 Anti-alias를 체크 해제했을 때(왼쪽 그림)와 Anti-alias를 체크했을 때(오른쪽 그림)의 결과를 보여줍니다.

1.12 배경 레이어 안 보이게 하기

Layers(레이어) 패널의 레이어 이름 앞에는 👁 눈 아이콘이 있습니다. 이 아이콘을 클릭하여 비활성화하면 해당 레이어가 보이지 않게 됩니다.

01 Background(배경) 레이어 앞에 있는 눈 아이콘을 클릭하여 비활성화합니다.

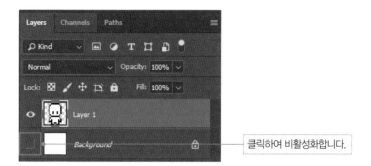

클릭하여 비활성화합니다.

02 Background(배경) 레이어가 화면에 보이지 않습니다.

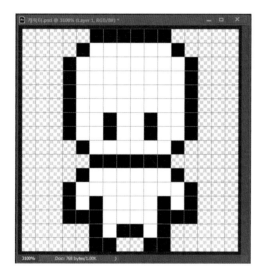

1.13 이미지 확대하기

그림을 그릴 때는 🔍 돋보기 도구로 확대해서 그리기 때문에 이미지가 큰 것처럼 보이지만 우리가 앞서 그린 이미지의 실제 크기는 16×16 밖에 안 됩니다. 그러므로 지금까지 작업한 이미지를 파일로 저장하기 전에 이미지를 크게 확대해야 합니다. 이미지를 10배 확대해보겠습니다.

01 메뉴에서 Image(이미지) → Image Size(이미지 크기)를 선택합니다.

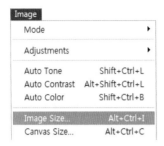

02 10배는 1000%이므로 Width(폭)와 Height(높이)를 각각 1000 Percent로 변경합니다. 이때 주의할 점은 Resample(리샘플링) 옵션을 Nearest Neighbor(hard edges)(최단입점 (명확한 가장자리))로 변경해야 합니다.

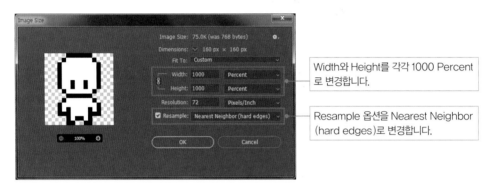

Width와 Height를 각각 1000 Percent 로 변경합니다.

Resample 옵션을 Nearest Neighbor (hard edges)로 변경합니다.

03 오른쪽 이미지는 크기를 1000%로 변경한 결과입니다. 1×1 픽셀이었던 간격이 10×10 픽셀이 된 것을 그리드 간격으로 확인할 수 있습니다.

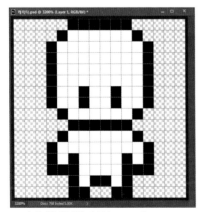

▶ 이미지를 확대하기 전(16×16)

▶ 이미지를 확대한 후(160×160)

최단입점

Resample(리샘플링) 옵션을 Nearest Neighbor(최단입점)로 변경하지 않으면 이미지가 다음과 같이 번지게 됩니다. 혹시 이와 같은 실수를 했다면 Ctrl + Z 를 누르고 Resample 옵션을 Nearest Neighbor로 바꿔서 다시 해보세요.

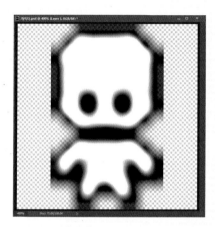

이미지를 확대할 때는 결과를 미리 볼 수 있으니 OK 버튼을 누르기 전에 확인하여 실수를 미연에 방지하세요.

1.14 최종 리소스를 *.PNG 파일로 저장하기

지금까지 작업한 리소스를 *.png로 저장하겠습니다.

01 메뉴에서 File(파일) → Export(내보내기) → Save for Web(Legacy)(웹용으로 저장 (레거시))를 선택합니다.

02 Save for Web(웹용으로 저장) 창에서 PNG-24를 선택하고 Save(저장)를 클릭합니다.

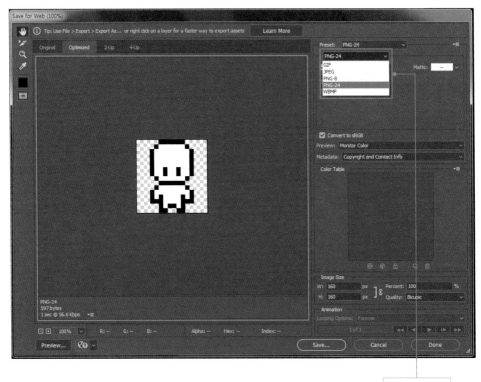

PNG-24 선택

03 다음은 이름을 Character로 지정하여 저장한 최종 리소스입니다.

이렇게 하여 첫 번째 도트가 완성되었습니다.

다양한 캐릭터 디자인하기

앞서 작성한 캐릭터에 다양한 머리 모양과 옷을 입혀서 NPC 캐릭터를 디자인해보세요. 캐릭터를 그리는 자세한 방법은 뒤에서 설명합니다. 여기서는 그림을 보고 대략적으로 그려보면 됩니다.

앞서 만든 캐릭터의 레이어를 복제해서 그 위에 머리 모양과 옷을 그리면 쉽습니다. 레이어를 복제하려면 레이어 창 오른쪽 상단에서 ▤ 단축 메뉴 아이콘을 클릭한 뒤 '레이어 복제'를 선택하거나 단축키 Ctrl + J 를 누릅니다.

1.15 요점 정리

- 포토샵에서 도트 작업을 할 때는 연필, 지우개, 돋보기만 사용할 수 있으면 됩니다.
- 도트 작업은 작게 그린 후 마지막에 원하는 비율로 크게 확대합니다.
- 도트 작업을 할 때는 Anti-alias(앤티 앨리어스) 기능을 반드시 체크 해제합니다.
- 이미지를 확대할 때는 Resample(리샘플링) 옵션을 주의하세요. Nearest Neighbor(최단 입점)입니다.

기본기 익히기

그림을 그리는 방법은 크게 2가지가 있습니다. 선부터 그리는 방법과 면부터 그리는 방법이 그 것이지요. 저는 주로 선부터 그립니다. 스케치 상태에서는 형태를 수정하기 편하기 때문입니다. 간혹 면부터 그리기도 하는데, 선을 그릴 수 없을 만큼 캐릭터가 아주 작거나 기본 도형을 변형해서 간단히 만들 수 있을 때는 그렇게 합니다. 둘 중 어느 방법을 사용해도 상관없습니다. 자신에게 편한 방법을 사용하면 됩니다.

▶ 선부터 그리고 면을 그렸습니다.

2.1 선 그리기

여기서는 직선과 대각선, 원 그리는 연습을 하겠습니다. 또한 물체를 단순하게 표현하여 그리는 연습도 하겠습니다.

2.1.1 직선/대각선 그리기

직선과 대각선을 그리는 연습을 하겠습니다.

01 '새로 만들기'를 클릭하여 16×16의 새 캔버스를 만듭니다.

02 레이어 창에서 ▣ 레이어 추가 아이콘을 클릭해 새로운 레이어를 추가합니다. 그림을 그릴 때는 Background(배경) 레이어에 그리면 안 됩니다. 항상 새로운 레이어를 추가하고 그곳에 그려야 합니다.

03 직선을 그리고 싶다면 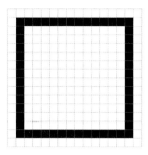 연필 도구를 클릭하여 선택한 뒤 [Shift] 키를 누르고 마우스로 드래그하면 됩니다.

도트에서 대각선은 다음과 같이 표현합니다. 이해를 돕기 위해 연결된 도트 수를 아래에 숫자로 적어두었습니다. 수학에서 보았던 30°, 45°, 60° 기울기의 그래프와 같습니다. 도트는 이렇게 일정한 규칙을 가지고 반복될 때 선이 깔끔하게 나옵니다.

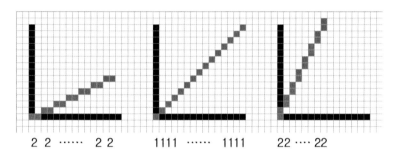

그런데 만약 35° 기울기의 직선을 그리려면 어떻게 해야 할까요? 아쉽게도 1.5도트는 없습니다. 그러니 다음과 같이 2도트와 1도트를 번갈아가며 그리게 됩니다. 그 과정에서 선이 지그재그가 됩니다. 이런 상황은 되도록 피하는 게 좋습니다.

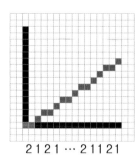

2.1.2 회전시키기

Free Transform(자유 변형)은 오브젝트를 자유롭게 변형시킬 때 사용하는 기능입니다. 메뉴에서 Edit(편집) → Free Transform(자유 변형)을 선택하거나 단축키 Ctrl + T 를 누르면 오브젝트의 크기를 늘리거나 줄일 수 있으며 회전시킬 수 있습니다.

01 다음은 16×16 캔버스에 그린 검입니다. 이 검을 Free Transform 기능으로 −45° 회전시키면 어떤 모양이 될까요?

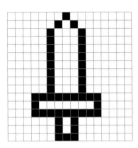

02 Free Transform 기능으로 회전시키면 처음에는 다음 그림처럼 픽셀이 번집니다. 이미지를 회전시킬 때 자동으로 이미지를 부드럽게 보정하는 게 포토샵의 기본값이기 때문입니다.

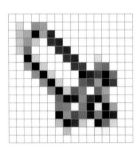

03 만약 회전시켰을 때 번지지 않게 하려면 Free Transform의 옵션 패널에서 Interpolation(보간)을 Nearest Neighbor(최단입점)로 바꾸고 회전시키면 됩니다.

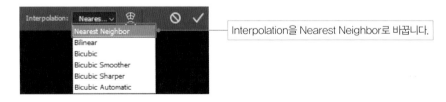

Interpolation을 Nearest Neighbor로 바꿉니다.

04 그러나 이 회전 역시 완벽하진 않습니다.

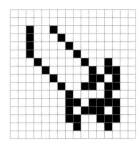

05 그러므로 끊어진 픽셀을 연필과 지우개로 직접 다듬어서 온전한 형태로 만들어야 합니다.

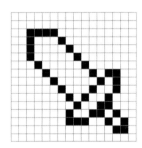

2.1.3 곡선 그리기

이번에는 🖉 연필 도구로 원을 그려보겠습니다. 한 번에 정확하게 그리기가 생각보다 쉽지 않죠? 다소 귀찮더라도 뭉친 픽셀들(빨간색)을 꼼꼼하게 지우면서 오른쪽 그림처럼 선 두께를 일정하게 다듬어주세요. 선이 뭉친 곳이 없는지 항상 살펴봐야 합니다.

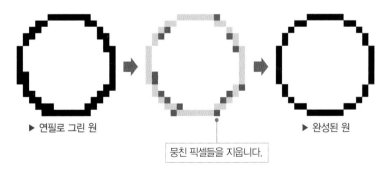

▶ 연필로 그린 원   ▶ 완성된 원

뭉친 픽셀들을 지웁니다.

다음은 실제로 캐릭터를 완성했을 때의 모습을 비교한 것입니다. 왼쪽 그림은 선이 뭉쳐 있어서 거칠어 보이지만, 오른쪽 그림은 선 두께가 일정하여 정돈되어 보입니다.

이렇게 1픽셀의 차이가 도트에서는 각진 느낌을 낼 수도 있고, 둥근 느낌을 낼 수도 있습니다.

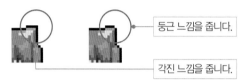

사실 프리 드로잉으로 원을 그리는 건 좀 어렵습니다. 사각형을 그리고 네 모서리를 연필과 지우개로 조금씩 다듬어서 원을 만드는 방법이 좀 더 쉽습니다.

01 사각형을 그리고 모서리를 다듬습니다.

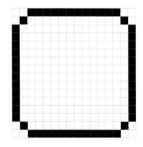

02 좀 더 둥글게 다듬겠습니다.

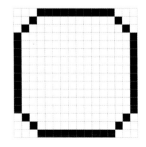

03 한 번 더 둥글게 다듬겠습니다. 이번에는 팔각형처럼 보이네요.

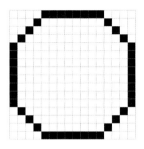

04 그렇다면 점의 위치를 다음과 같이 바꾸면 어떨까요? 드디어 원처럼 보입니다.

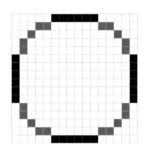

도트에서는 크기에 따라 원을 다음과 같이 표현하니 작은 원을 그릴 때 참조하세요. 연필 크기를 1픽셀씩 늘려가며 점을 찍어보면 도트에서 원이 어떻게 표현되는지 한눈에 알 수 있습니다. 위에 있는 그림은 연필 크기를 1픽셀씩 늘려가며 점을 찍은 것이고, 아래에 있는 그림은 점의 가장자리를 따라 원을 그린 것입니다.

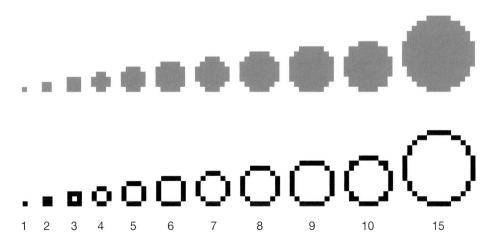

지금까지 직선과 대각선을 그려보았으며, 오브젝트를 회전시켜 보았습니다. 또한 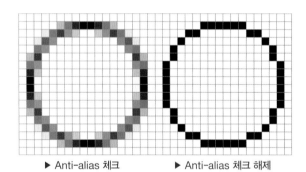은 연필 도구로 곡선(원)을 그린 뒤 수정하여 보았습니다. 도트로 그림을 그릴 때는 점 하나의 색상과 위치에 따라 그 느낌이 정말 많이 달라집니다. 두께가 일정한지, 픽셀이 번지지 않았는지 항상 확인해야 합니다. 이제 도트에서 직선과 대각선, 곡선을 어떻게 표현하는지 조금 감이 잡히죠?

2.1.4 원 그리기

포토샵을 좀 다뤄보신 분이라면 원을 그려야 할 때 제일 먼저 원형 선택 윤곽 도구(Elliptical Marquee Tool)를 떠올릴 것입니다. 한 번에 정확한 원을 그릴 수 있어서 자주 사용하는 방법이지만 이 방법으로 원을 그리면 처음에는 왼쪽과 같은 그림을 보게 됩니다. 우리가 그리고자 하는 원은 오른쪽과 같은 모습입니다.

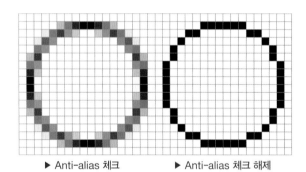

▶ Anti-alias 체크   ▶ Anti-alias 체크 해제

원형 선택 윤곽 도구 옵션 패널에 기본적으로 체크되어 있는 Anti-alias(앤티 앨리어스) 때문입니다. 도트 작업을 할 때는 반드시 Anti-alias를 체크 해제해야 합니다. 만약 왼쪽 그림처럼 번졌다면 Anti-alias 체크를 해제한 후 다시 원형 선택 윤곽 도구로 선택 영역을 잡으면 됩니다.

Anti-alias를 체크 해제합니다.

지금부터 위 오른쪽 그림과 같은 원을 그려보겠습니다.

01 도구 패널에서 원형 선택 윤곽 도구(Elliptical Marquee Tool)를 클릭합니다.

02 원형 선택 윤곽 도구 옵션 패널에서 Anti-alias(앤티 앨리어스)를 체크 해제합니다.

03 ⌜Shift⌟ 키를 누른 채 마우스를 클릭 드래그하여 선택 영역을 지정합니다. ⌜Shift⌟ 키를 누르는 이유는 정원을 그리기 위해서입니다. ⌜Shift⌟ 키를 누르지 않으면 타원이 그려집니다.

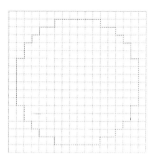

TIP 이 상태에서 연필 도구를 이용해서 선택 영역을 따라 안쪽으로 선을 직접 그려도 됩니다.

04 메뉴에서 Edit(편집) → Stroke(획)를 선택합니다.

05 Stroke(획) 창에서 Width(폭)를 1픽셀, Location(위치)을 Inside(안쪽)로 지정하고 OK 버튼을 클릭합니다.

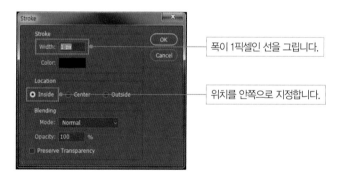

폭이 1픽셀인 선을 그립니다.

위치를 안쪽으로 지정합니다.

06 다음과 같이 선택 영역을 따라 안쪽으로 1픽셀의 선이 그려집니다.

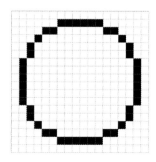

07 그런데 점선은 그대로 남아 있습니다. 선은 그려졌지만 선택 영역은 아직 유지되고 있기 때문입니다. Ctrl + D 를 눌러 선택 영역을 해제합니다. 메뉴에서 Select(선택) → Deselect(선택 해제)를 클릭해도 됩니다.

Select	Filter	3D	View	Window
All				Ctrl+A
Deselect				Ctrl+D
Reselect				Shift+Ctrl+D
Inverse				Shift+Ctrl+I

TIP 원형 선택 윤곽 도구가 선택되어 있는 상태에서 마우스로 화면을 클릭해도 선택 영역이 해제됩니다.

2.1.5 단순하게 그리기

다음 오브젝트들을 도트로 표현하려면 어떻게 그려야 할까요?

01 그림 영역이 좁아서 원래 이미지와 같은 비율로 그리는 건 불가능합니다. 그러니 맨 오른쪽 그림과 같이 모양을 단순하게 바꿔야 합니다. 연필 도구를 사용해서 다음 그림을 16×16 캔버스에 직접 그려보세요.

모양을 단순하게 바꿉니다.

02 사람과 강아지도 알고 보면 기본 도형의 조합입니다. 기본 도형을 먼저 그리고 그것을 변형하면 어렵지 않게 그릴 수 있습니다. 32×32 캔버스에 연필과 지우개로 수정하면서 사람과 강아지를 그려보세요.

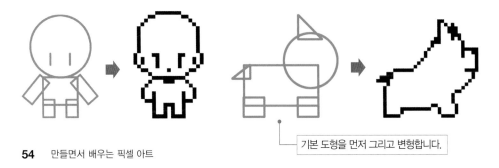

기본 도형을 먼저 그리고 변형합니다.

2.2 기본 도형의 명암

다음과 같은 파란색 종이가 있습니다. 이 종이를 반으로 접으면 새로운 면이 생깁니다. 이때 상대적인 밝고 어두움이 생기는데 이것을 명암이라고 합니다. 평면의 그림을 입체감 있게 표현하려면 명암을 알아야 합니다.

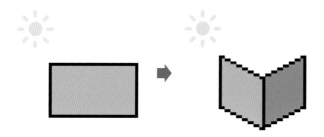

위에서 아래로 내려다보는 탑뷰 형식의 오브젝트 역시 이런 방법으로 그립니다.

상자를 그리고 명암 처리하기

지금부터 45도 위에서 비스듬히 아래를 내려다보는 쿼터뷰의 오브젝트를 그리고 색상을 입혀보겠습니다.

01 '새로 만들기'를 클릭하여 32×32의 새 캔버스를 만듭니다.

02 새로운 레이어를 만들고, 레이어 이름을 '마름모'로 변경합니다.

03 다음과 같이 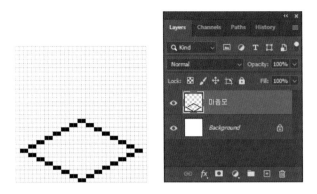 연필 도구로 2도트씩 마름모를 그립니다.

04 마름모가 그려진 레이어를 복제합니다. '마름모' 레이어를 마우스 오른쪽 클릭한 뒤 단축 메뉴에서 Duplicate Layers(레이어 복제)를 선택하거나 단축키 Ctrl + J 를 누르면 됩니다.

마름모 레이어가 복제되었습니다.

05 Shift 키를 누른 상태에서 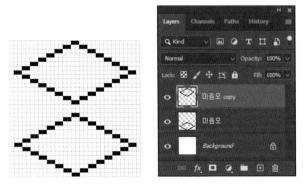 이동 도구(Move Tool)로 복제된 마름모를 이동시켜 바닥과 평행한 윗면을 만듭니다. Shift 키는 수직 또는 수평으로 이동시키기 위해 누른 것입니다. 다음은 복제된 마름모가 이동한 모습입니다.

06 두 레이어를 하나로 합칩니다. Shift 키를 누른 상태에서 '마름모 copy' 레이어와 '마름모' 레이어를 선택한 뒤 단축 메뉴에서 Merge Layers(레이어 병합)를 선택하거나 단축키 Ctrl + E 를 누릅니다.

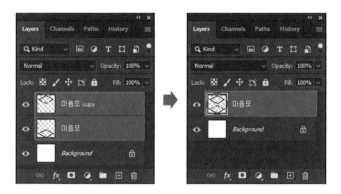

07 연필 도구로 직선을 그려서 두 마름모를 연결합니다.

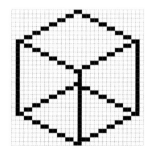

08 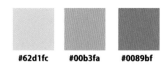 지우개 도구로 안쪽의 선을 지우면 상자가 완성됩니다.

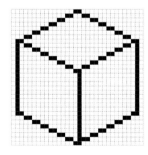

09 지금부터 다음 3가지 색상을 사용하여 상자에 색을 입혀보겠습니다.

#62d1fc   #00b3fa   #0089bf

햇빛은 왼쪽 상단에서 비추고 있습니다. 그렇다면 셋 중 어느 면이 가장 밝고, 어느 면이 가장 어두울까요?

종이를 다음과 같이 반으로 접으면 어느 면이 더 밝을까요? 같은 조건이라면 햇빛에 가까운 왼쪽 면이 좀 더 밝을 것입니다.

이번에는 윗면을 채워보겠습니다. 셋 중 어느 면이 더 밝을까요? 빛은 위에서 아래로 내려옵니다. 그러므로 셋 중 윗면이 가장 밝습니다. 이렇게 밝고 어두운 단계를 하나씩 나눠서 이해하면 됩니다.

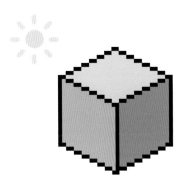

10 색종이를 접었다고 접힌 금이 검정색으로 바뀌진 않죠? 검정색 대신 파란색 계열의 좀 더 밝은 색(#90dffe)으로 바꿔주세요.

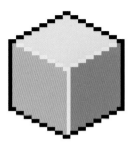

게임의 시점

카메라가 바라보는 시점(view)에 따라 탑뷰(top-view), 사이드뷰(Side-view), 쿼터뷰(Quarter-view) 등으로 구분할 수 있습니다.

- 탑뷰

  위에서 아래를 바라본 시점으로, 탑다운(Top-down)이라고도 부릅니다. 고전게임에서 많이 사용하며, 하늘에서 수직으로 내려다보기 때문에 스테이지 전체를 한 눈에 살펴볼 수 있다는 장점이 있습니다. 4방향 또는 8방향으로 이동할 수 있습니다.

▶ 젤다의 전설 스크린샷

- 사이드뷰

옆에서 바라보는 시점입니다. 캐릭터의 동작을 다양하게 표현할 수 있다는 장점이 있어 격투게임이나 횡스 크롤 슈팅게임에서 많이 사용합니다. 이 책의 예제인 해피코기도 사이드뷰 방식의 게임입니다.

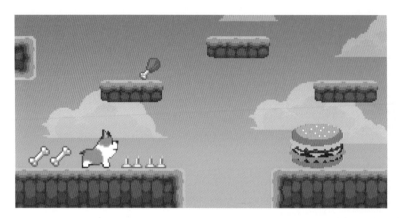

- 쿼터뷰

대각선 방향으로 비스듬히 내려다보는 시점입니다. 아이소메트릭 뷰(Isometric view)라고도 부릅니다. 2D지만 3D처럼 입체적이고, 넓은 공간감을 느낄 수 있습니다. 실제 3D 쿼터뷰는 원근법에 따라 같은 사물 이라도 거리에 따라 크기가 달라져야 하지만, 2D 쿼터뷰(아이소메트릭 뷰)에서는 거리가 멀어져도 사물의 크기가 변하지 않습니다. 쉽게 말하면 디아블로 시리즈를 떠올리면 됩니다.

▶ 디아블로 스크린샷

2.3 튀어 나온 상자와 움푹 들어간 상자

움푹 들어간 상자는 튀어 나온 상자를 상하로 한 번, 좌우로 한 번 회전시키고 밑면의 밝기를 어둡게 바꾸면 됩니다. 다음은 튀어 나온 상자와 움푹 들어간 상자를 보여줍니다.

▶ 튀이 나온 상자　　▶ 움푹 들어간 상자

튀어 나온 상자와 움푹 들어간 상자를 이용해서 도형을 완성하면 다음과 같습니다.

2.4 빌딩 그리기

지금까지 배운 내용을 바탕으로 빌딩을 그려보겠습니다.

01 64×80의 새 캔버스를 만듭니다.

02 새로운 레이어 만들고 밑면을 그립니다. 이번에는 직육면체의 빌딩을 그릴 것이므로 밑면이 평행사변형입니다.

03 밑면을 복제한 뒤 Shift 키를 누른 상태에서 ⊕ 이동 도구(Move Tool)로 이동시켜 바닥과 평행한 윗면을 만듭니다.

04 윗면과 밑면을 서로 연결하고 안쪽의 선을 지웁니다.

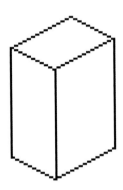

05 무게중심이 안정적으로 보이도록 바닥에 층을 내겠습니다. 밑면과 평행한 2줄을 바닥 쪽에 가깝도록 그려주세요.

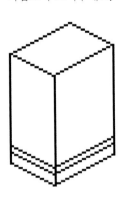

06 빌딩의 밑면을 확대해서 보면 왼쪽 그림과 같습니다. 오른쪽 그림과 같이 바깥쪽을 향해 살짝 넓어지도록 수정하세요.

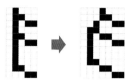

07 빛이 왼쪽 위에서 아래로 비추고 있다고 생각하면서 각각의 면을 채웁니다.

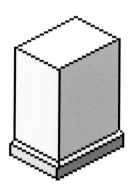

08 창문이 들어갈 자리를 파란색으로 채웁니다. 창문을 그릴 때 창문을 낱개로 만들어서 하나씩 붙여 넣는 방식보다 벽면 전체에 창문을 그린 뒤 조금씩 다듬어 가는 방식이 훨씬 그리기 쉽습니다. 그러면 창문 위치 맞추다가 픽셀이 어긋나는 실수도 방지할 수 있습니다.

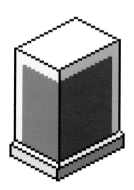

09 창틀을 나눕니다. 세세하게 나누면 복잡해지니 큼직큼직하게 나눕니다.

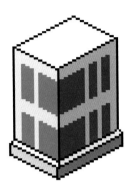

10 창문에 옅은 색으로 가로줄 무늬를 넣습니다. 색이 튀지 않게 '있는 듯 없는 듯' 그리는 것이 포인트입니다.

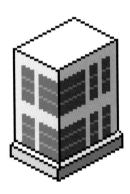

11 빌딩의 옥상을 꾸며줍니다. 살짝 튀어나오게 해도 좋고, 움푹 들어가게 해도 좋습니다.

12 건물 안쪽의 검정색 선을 모두 지우고 픽셀들을 꼼꼼히 다듬으세요.

13 건물 전체에 드리워진 큰 그림자를 넣는 것으로 빌딩 작업을 마무리합니다.

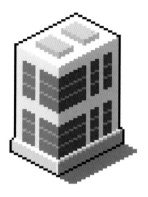

14 다른 건물도 같은 방법으로 그리면 됩니다.

무늬는 절대 한 가지 빛깔로 이루어져 있지 않아요!

무늬는 표면 위에 그려집니다. 그래서 밝은 면 위에 그려진 무늬는 밝고, 어두운 면 위에 그려진 무늬는 어둡습니다. 이 점을 제대로 표현하지 않으면 오른쪽 빌딩의 창문처럼 무늬가 입체감이 없어집니다. 꼭 기억해주세요!

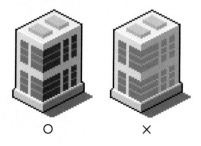

2.5 원기둥

이번에는 파란색 종이를 둥글게 말아보겠습니다. 앞서 종이를 반으로 접었을 때와 달리 둥글게 말았을 때는 명암이 서서히 변합니다. 그리고 빛은 위에서 아래로 비추니 윗면이 아랫면보다 더 밝습니다.

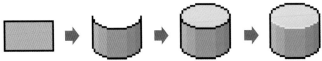

2.6 나무 울타리 그리기

쉽게 볼 수 있는 원기둥 모양으로 나무 울타리가 있습니다. 이번에는 나무 울타리를 그려보겠습니다.

이 울타리에는 4가지 색이 사용되었습니다. 색상을 고르는 방법은 먼저 중간색을 정하고, 그 색을 기준으로 밝은 색과 어두운 색을 찾는 것입니다. 명암 단계별로 미리 색상띠 레이어를 만들어두고 🖊 스포이드 도구로 색상을 추출하면 작업이 한결 수월해집니다. 임시로 쓰는 팔레트이므로 작업을 마치고 색상띠 레이어를 지우면 됩니다.

다음은 나무 울타리를 그리는 데 사용할 색상입니다.

#dab877   #c89a4f   #a76a21   #84400a

지금부터 나무 울타리를 그리겠습니다.

01 64×32 크기의 새 갠버스를 만들고 '울타리.psd'로 저장합니다.

새 캔버스의 폭과 높이

02 새 레이어를 2개 추가하고, 레이어 이름을 각각 '팔레트'와 '울타리'로 바꿉니다. '팔레트' 레이어에는 색상띠를 그리고 '울타리' 레이어에는 울타리를 그릴 것입니다. Background(배경)는 작업 편의상 녹색으로 채웠습니다.

팔레트 레이어에는 4가지 색으로 된 색상띠를 그립니다.

울타리 레이어에는 울타리를 그립니다.

03 세로로 세워진 나무 기둥을 만들겠습니다. '울타리' 레이어에 ▣ 사각형 선택 윤곽 도구로 직사각형의 선택 영역(8×18)을 만들고, ⬦ 스포이드 도구로 색상띠에서 2번째 색(#c89a4f)을 추출한 뒤 ⬧ 페인트 통 도구로 채웁니다. Ctrl + D 를 눌러 선택 영역을 해제합니다.

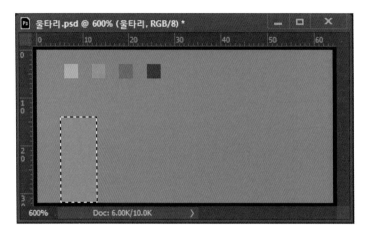

TIP 메뉴에서 Window(창) → Info(정보)를 선택하면 Info(정보) 창에서 선택 영역의 크기를 확인할 수 있습니다.

04 원기둥을 만들기 위해 끝을 지우개로 둥글게 다듬습니다. 빛은 위에서 아래로 내려오므로 원기둥의 윗면이 옆면보다 밝습니다. 색상띠의 1번째 색(#dab877)을 추출해서 윗면을 칠합니다.

05 입체감을 표현하기 위해 원기둥의 오른쪽 절반을 어둡게 만듭니다. 색상띠에서 3번째 색
(#a76a21)을 추출해서 칠합니다.

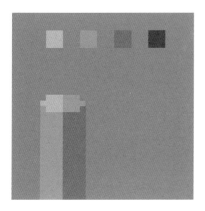

06 같은 방법으로 다시 한 번 원기둥의 오른쪽 절반만큼 어둡게 칠합니다. 색상띠에서 4번째
색(#84400a)을 추출해서 칠합니다.

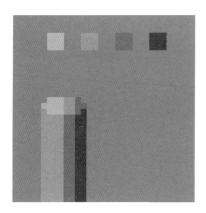

07 이번에는 세로로 나뭇결을 표현해봅니다. 마찬가지로 색상은 색상띠에서 고르면 됩니다.

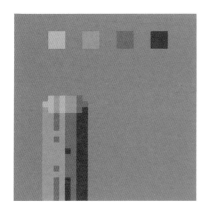

08 ▦ 단축 메뉴에서 Duplicate Layers(레이어 복제)를 선택하여 나무기둥을 3개 복제한 뒤 ✛ 이동 도구(Move Tool)를 사용해서 조금씩 옆으로 옮깁니다.

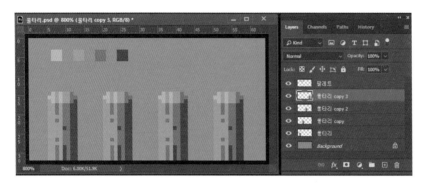

09 이제 나무 기둥들을 연결할 차례입니다. '울타리' 레이어 아래에 새 레이어를 추가하고, 레이어 이름을 '연결기둥'으로 바꿉니다. ▣ 사각형 선택 윤곽 도구로 37×6의 선택 영역을 만들고, 🖋 스포이드 도구로 색상띠에서 3번째 색(#a76a21)을 추출한 뒤 🎨 페인트 통 도구로 칠합니다.

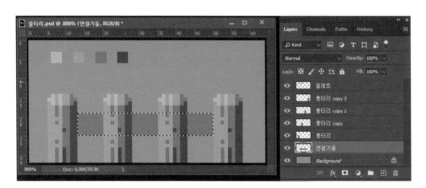

10 빛은 위에서 아래로 내려오므로 연결기둥의 아랫부분에 4번째 색(#84400a)을 칠합니다. 그리고 윗부분에 2번째(#c89a4f) 색을 칠합니다.

11 옆으로 덧댄 나무에도 4번째 색으로 나뭇결을 그리고, '팔레트' 레이어와 Background(배경) 레이어를 보이지 않게 합니다.

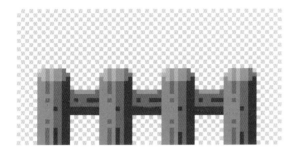

12 마지막으로 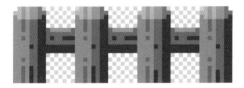 자르기 도구(Crop Tool)로 울타리의 여백을 자른 다음 원하는 비율로 확대하고 *.png로 저장하면 됩니다.

동전 그리기

두께가 얇아서 거의 평면처럼 보이지만 동전도 자세히 보면 납작한 원기둥입니다. 16×16 캔버스 또는 32×32 캔버스에 동전을 그려 보세요. 동전 안에 있는 글자는 코인을 뜻하는 C자입니다.

2.7 뿔

뿔은 칼날처럼 날카롭고 뾰족한 것에 주로 활용됩니다. 가운데를 기준으로 두 면의 명암 차이를 크게 하여 금속성을 표현합니다. 이때 살짝 반사광을 넣기도 합니다.

2.8 구

구는 빛이 둥근 표면을 따라 둥글고 부드럽게 퍼집니다.

구의 명암을 표현하기 위해 먼저 기본색을 채웁니다. 그리고 빛이 있는 방향을 향해 한 단계씩 동그랗게 밝은 색을 칠해줍니다. 원래는 빛과 가장 멀리 떨어져 있는 반대편이 가장 어두워야 하지만 빛이 땅에 부딪치면서 약하게 반사되기 때문에 실제로 가장 어두운 곳은 그보다 살짝 안쪽입니다.

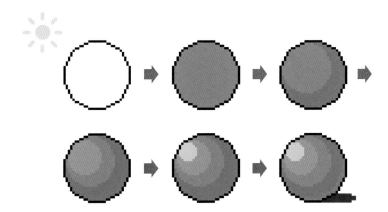

사과나 수박 같은 둥근 과일, 슬라임 몬스터, 물약 아이템 등 구 형태로 되어 있는 것들은 모두 비슷한 방법으로 표현하면 됩니다.

2.9 캐릭터의 명암

캐릭터의 명암은 빛의 방향에 따라 달라집니다. 보통 빛이 정수리 위에서 비추고 있다고 가정하지만 게임의 뷰에 따라 왼쪽 위 또는 오른쪽 위에서 비스듬히 비추고 있다고 가정하기도 합니다. 다음은 빛의 방향에 따른 캐릭터의 명암을 표현한 것입니다.

상자, 원기둥, 뿔 등 기본 도형의 명암은 알겠는데 캐릭터의 명암은 어찌해야 할지 모르는 분이 많습니다. 다음 캐릭터에서 가장 밝은 곳은 어디일까요?

빛은 위에서 아래로 내려옵니다. 따라서 머리가 가장 밝고, 발이 가장 어둡습니다. 여기서는 빛이 머리 앞쪽에서 비추고 있으니 이마 부분이 가장 밝고, 오른쪽 발이 가장 어둡습니다.

한편 머리카락과 함께 그 외곽선 역시 빛의 영향을 받습니다. 그래서 빛과 가까운 왼쪽 외곽선은 짙은 빨강이고, 빛과 멀리 있는 오른쪽 외곽선은 검정색입니다. 이때 외곽선을 검정색 대신 머리카락과 같은 계열의 한 단계 어두운 색상을 사용하면 한결 부드러워집니다.

빛과 가까운 왼쪽 외곽선은 짙은 빨강

빛과 멀리 있는 오른쪽 외곽선은 머리카락과 같은 계열의 한 단계 어두운 색상

이번에는 몸통을 살펴보겠습니다. 몸통을 기준으로 해서 앞쪽과 뒤쪽에 팔이 있습니다. 뒤쪽에 있는 팔은 앞쪽에 있는 팔보다 살짝 어둡게 그립니다. 그렇게 하면 원근감을 표현할 수 있습니다. 팔뿐만 아니라 다리도 마찬가지입니다. 사소한 디테일이지만 그런 것들 하나하나가 도트의 완성도를 좌우합니다.

뒤쪽에 있는 팔은 앞쪽에 있는 팔보다 살짝 어둡게 그립니다.

NOTE_ 명암은 상대적입니다. 왼팔과 오른팔은 원래 색이 같지만 어떤 동작을 하는지에 따라 일시적으로 밝기 차이가 생길 수 있습니다. 이때 팔을 한 단계 어둡게 표현하기 위해 새로 어두운 색을 추가하지 말고, 그 팔에서 원래 밝은 색이 들어가야 하는 부분을 과감히 생략해보세요. 그러면 색상수를 더 늘리지 않아도 상대적으로 어둡게 보입니다. 그래도 밝기 차이가 보이죠?

2.10 얼굴의 명암 표현하기

지금부터 다음과 같이 캐릭터의 얼굴을 그리고 명암을 표현해보겠습니다.

01 20×20 캔버스에 '얼굴' 레이어를 만들고 얼굴을 그리세요. 얼굴은 대칭이므로 절반만 그린 후 좌우 반전하여 사용해도 좋습니다.

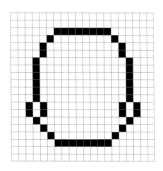

02 얼굴은 구의 명암과 비슷합니다. 빛이 위에서 아래로 내려온다고 하면 빛과 가까운 이마와 정수리가 가장 밝습니다.

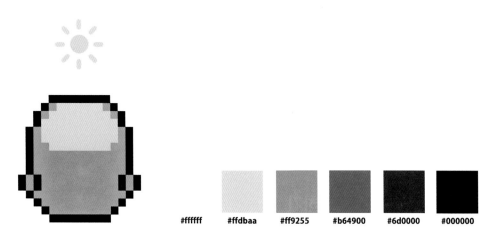

| #ffffff | #ffdbaa | #ff9255 | #b64900 | #6d0000 | #000000 |

03 얼굴의 튀어나온 곳과 들어간 곳을 표현합니다. 튀어나온 곳(코, 뺨)은 한 단계 밝게, 들어간 곳(눈)은 한 단계 어둡게 표현합니다.

04 얼굴 위에 새 레이어를 만들고, 레이어 이름을 '눈'으로 변경합니다.

05 검정색으로 캐릭터의 눈을 그립니다. 눈이 크면 캐릭터가 좀 더 귀여운 느낌을 줍니다. 입은 생략할 것이므로 눈을 크게 그리세요.

06 눈의 흰자를 그립니다. 사시 느낌이 들도록 양쪽 바깥 픽셀을 흰색으로 그려주세요.

07 눈매를 다듬겠습니다. 눈을 그릴 때 검정색만 사용하면 인상이 너무 강해 보이는데(첫 번째 그림) 눈꼬리 부분을 검정 대신 짙은 갈색을 사용하면 인상이 한결 부드러워집니다(두 번째 그림). 눈을 좀 더 깊이 있게 표현하고 싶다면 피부에 사용된 색상으로 눈 주변에 그림자를 넣어도 좋습니다(세 번째 그림).

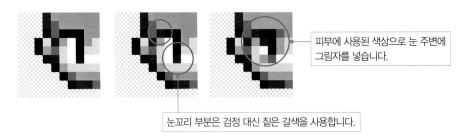

피부에 사용된 색상으로 눈 주변에 그림자를 넣습니다.

눈꼬리 부분은 검정 대신 짙은 갈색을 사용합니다.

2.11 머리카락 그리기

캐릭터의 얼굴이 완성되었으니 이제 머리카락을 그릴 차례입니다. 그런데 캔버스 크기가 20 × 20이라 머리카락을 그리기에는 공간이 조금 부족합니다. 이러한 경우에는 캔버스 크기를 늘리면 됩니다.

01 메뉴에서 Image(이미지) → Canvas Size(캔버스 크기)를 선택한 뒤 Canvas Size(캔버스 크기) 패널에서 Width(폭)를 32픽셀, Height(높이)를 32픽셀로 바꿉니다. Anchor(기준)는 가운데를 기준으로 사방으로 캔버스가 늘어나도록 설정합니다. 다 되었으면 OK를 클릭합니다.

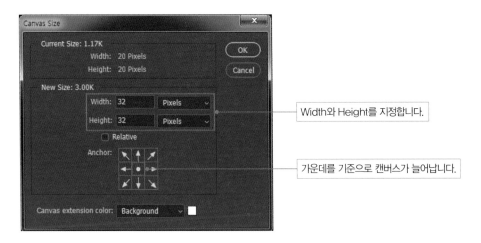

Width와 Height를 지정합니다.

가운데를 기준으로 캔버스가 늘어납니다.

02 캔버스 크기가 다음과 같이 확대됩니다.

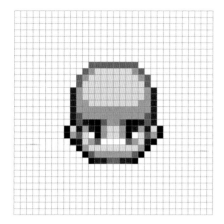

03 '눈' 레이어 위에 새 레이어를 만들고, 레이어 이름을 '머리카락'으로 변경합니다.

04 머리카락을 그립니다.

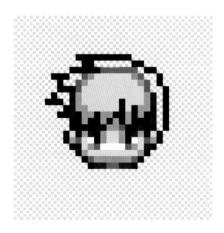

05 머리카락에 기본색을 채웁니다.

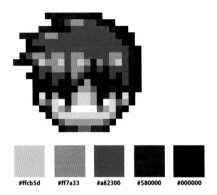

#ffcb5d   #ff7a33   #a82300   #580000   #000000

06 지금부터 어두운 부분을 찾아봅시다. 오른쪽 아랫부분이 가장 어두우니까 그곳에 짙은 빨강색을 넣으면 되겠군요. 이번엔 밝은 부분을 그릴 차례입니다. 머리카락에는 결이 있으므로 머릿결을 고려하여 밝은 부분을 그려주세요. 이때 결을 너무 세세하게 나누려 하면 안 됩니다. 큰 덩어리만 나눈다고 생각하세요. 그리고 밝은 부분의 한가운데에 가장 밝은 색(하이라이트)을 넣어주면 광택이 돌게 됩니다. 마지막으로 외곽선을 다듬습니다. 이렇게 차근차근 그려 나가면 됩니다.

2.12 몸통 그리기

빛은 위에서 아래로 내려오기 때문에 몸통에서 가슴 부분이 가장 밝고, 배로 내려가면서 살짝 어두워집니다. 어깨도 마찬가지입니다. 어깨가 가장 밝고, 팔뚝으로 갈수록 살짝 어두워집니다. 그리고 머리가 목보다 위에 놓여 있기 때문에 어깨에 목의 그림자가 내려옵니다. 이 캐릭터는 정면이 아닌 살짝 위에서 아래로 내려다보고 있는 모습이므로 목을 생략하는 게 보기 좋습니다. 다음과 같이 캐릭터의 상체를 그립니다.

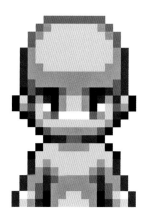

2.13 캐릭터 꾸미기

이제부터 여러분의 캐릭터에 옷을 입히고 장신구를 달아주세요. 다음은 캐릭터를 꾸민 예입니다.

NOTE_ 옷과 장신구를 그릴 때는 각각 새 레이어를 만들고 해당 레이어에 그려야 합니다. 절대 몸이나 얼굴에 바로 그리면 안 됩니다. 또한 머리나 옷에서 생기는 그림자가 있으니 이런 것들도 꼼꼼하게 표현해주세요.

아바타(Avatar) 시스템

게임 중에는 캐릭터의 옷을 갈아입히거나 머리 모양을 바꿀 수 있는 게임이 있습니다. 만약 여러분이 만드는 게임에 이런 시스템이 들어간다면 알몸 캐릭터, 옷, 머리카락을 따로 만들어서 각각 *.png로 저장해야 합니다. 보통은 리소스를 저장할 때 여백이 없도록 잘라내고 저장하지만 이런 경우는 좌표를 쉽게 맞추기 위해 여백을 그대로 포함한 채 저장하기도 합니다.

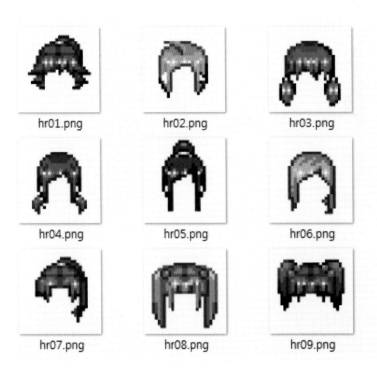

hr01.png   hr02.png   hr03.png

hr04.png   hr05.png   hr06.png

hr07.png   hr08.png   hr09.png

원화를 도트로 표현하기

원화를 도트로 바로 바꿀 수 있으면 얼마나 좋을까요? 아쉽게도 원화를 도트로 표현하는 가장 좋은 방법은 처음부터 깔끔하게 도트로 그리는 것입니다. 하지만 도트 방식에 익숙해질 때까지 어느 정도 시간이 걸리니까 원화를 활용할 수 있는 간단한 팁을 소개합니다.

다음은 캐릭터 원화입니다. 이 그림의 크기는 900×1000입니다. 일러스트 치고 작은 크기지요. 이 그림을 1/10로 축소해보겠습니다.

Image(이미지) → Image size(이미지 크기)를 실행한 뒤 width(폭)를 10 Percent, Height(높이)를 10 percent, Resample(리샘플링) 옵션을 Nearest Neighbor(최단입점)로 바꿉니다.

겨우 90×100밖에 안 되니까 잘 안 보일 것 같은데 한 번 해볼까요? 픽셀이 조금 깨지긴 했지만 생각보다 나쁘지 않네요. 이 정도면 끊어진 외곽선을 살짝 다듬는 정도로 빠르게 원화를 도트 캐릭터로 바꿀 수 있겠군요!

이번엔 더 작은 도트 캐릭터를 만들어보겠습니다. 다음은 원화를 1/20로 축소하여 만든 45×50의 도트 캐릭터입니다. 이전보다 픽셀이 많이 깨졌습니다. 새로 그리는 게 빠를지, 리터칭하는 게 빠를지 살짝 고민되네요.

좀 더 작게 줄여볼까요? 다음은 원화를 1/40로 축소하여 만든 23×25의 도트 캐릭터입니다. 이제는 형체를 알아보기가 힘듭니다. 이럴 거면 그냥 처음부터 도트로 직접 그리는 게 낫겠네요.

Resample(리샘플링) 옵션

비트맵 이미지를 축소하면 보통 다음 왼쪽 그림처럼 뿌옇게 흐려지면서 번집니다(Resample 옵션의 기본값은 Automatic). 하지만 Image(이미지) → Image size(이미지 크기)에서 Resample(리샘플링) 옵션을 Nearest Neighbor(최단입점)로 바꾸면 생각보다 많이 번지지 않습니다. 물론 직접 도트로 그릴 때만큼 깔끔하진 않지만 아쉬운 대로 이렇게 원화를 도트로 바꾸는 방법도 있습니다. 하지만 이 방법을 사용할 때는 제약이 많습니다. 셀 방식으로 그려진 원화여야 하고, 선이 두껍고 진해야 축소했을 때도 깔끔하게 잘 보입니다. 일종의 편법이지만, 원화를 이렇게 활용할 수 있다는 것 정도만 알아두세요.

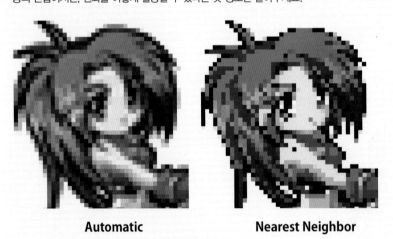

Automatic　　　　　　**Nearest Neighbor**

TIP 원화를 축소하여 도트로 만드는 건 도트 캐릭터가 100×100 정도로 크기가 충분히 클 때 사용할 수 있는 방법입니다.

캐릭터의 특징 찾기

다음 캐릭터의 특징은 찾아봅시다.

- 와인색의 포니테일 헤어스타일
- 브라탑과 통 넓은 바지
- 무기는 뾰족한 징이 박힌 해머

원화를 보고 도트 캐릭터를 만들 때는 캐릭터의 특징 중에 강조할 것과 포기할 것을 정해야 합니다. 특히 캐릭터가 작을 경우에는 그릴 수 있는 공간이 절대적으로 부족하기 때문이죠. 캐릭터의 개성을 나타내기 위해 눈에 잘 보이는 특징들(예를 들면 헤어스타일, 얼굴)은 정밀하게 묘사하고, 자잘한 장식들은 과감히 생략해도 됩니다.

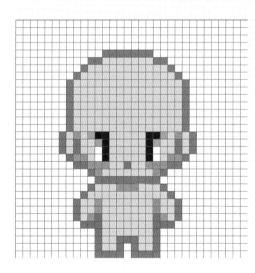

이번에는 원화를 보면서 직접 도트를 찍었습니다. 앞서 원화를 1/40로 축소했던 도트 캐릭터와 비슷한 크기인데, 이 캐릭터는 눈에 더 잘 보이죠? 고생스럽더라도 굳이 직접 도트 작업을 해야 하는 이유가 여기 있습니다.

2.14 흑백으로 정밀 묘사

이번에는 끝이 좁아지는 검 아이콘을 제작해보겠습니다. 제작 방법은 다음과 같습니다.

1 16×16의 새 캔버스를 만듭니다.

2 검정색으로 검의 형태를 그립니다.

3 5단계의 회색(그레이스케일) 팔레트를 만듭니다.

4 검의 명암을 회색으로 표현합니다.

5 회색을 컬러로 교체합니다.

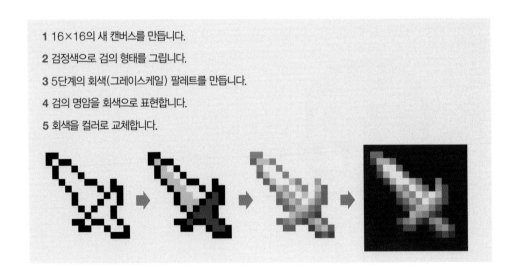

01 16×16의 새 캔버스를 만듭니다.

02 새로운 레이어를 만들고 이름을 '단검_칼날'로 변경합니다.

03 '단검_칼날' 레이어에 검을 그립니다.

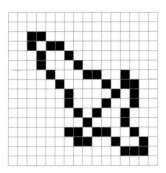

04 왼쪽 아래 여백에 회색의 팔레트를 만들겠습니다. 컬러 팔레트 대신 회색 팔레트를 사용하는 이유는 색상보다 명암이 더 중요하기 때문입니다. 회색 팔레트는 마지막에 컬러로 교체할 것입니다.

TIP RGB값에서 6자리 모두 같은 글자를 반복하면 회색입니다.

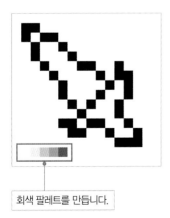

회색 팔레트를 만듭니다.

05 오른쪽 위에서 왼쪽 아래를 향해 빛이 비춘다고 합시다. 이때 칼날의 반은 밝고, 반은 어둡습니다. 빛과 가까운 절반은 첫 번째 색(#ffffff), 먼 곳은 두 번째 색(#dddddd)을 채웁니다.

06 작업 편의상 Background(배경) 레이어를 흰색 대신 어두운 회색으로 채우겠습니다. 전경색을 어두운 회색(#333333)으로 바꾼 뒤  페인트 통 도구로 다음과 같이 Background 레이어의 색상을 바꿉니다.

07 검정색의 외곽선은 너무 눈에 잘 띄므로 외곽선을 다른 색으로 바꾸겠습니다. 다섯 번째 색(#555555)으로 바꿉니다.

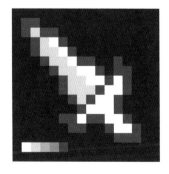

08 검의 외곽선도 칼날처럼 빛과 가까운 쪽이 좀 더 밝습니다. 검의 위쪽 외곽선을 네 번째 색 (#999999)으로 바꿉니다.

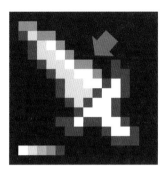

09 금속의 특징은 명암이 부드럽게 서서히 변하지 않고, 면이 나뉘는 경계에서 급변합니다. 금속성을 표현하기 위해 칼날의 가운데에 세 번째 색(#bbbbbb)을 칠합니다.

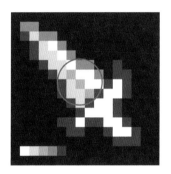

10 손잡이에 가까울수록 넓어지는 디자인입니다. 네 번째 색(#999999)으로 칼날의 모양을 다듬어주세요.

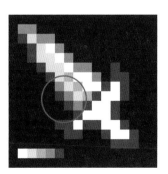

11 칼날의 위쪽도 첫 번째 색(#ffffff)과 두 번째 색(#dddddd)으로 다듬습니다.

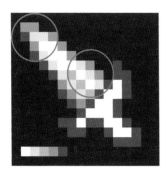

12 손잡이 부분도 다음과 같이 색을 칠합니다.

13 '단검_칼날' 레이어를 복제하고, 레이어 이름을 '단검_손잡이'로 변경합니다. '단검_칼날' 레이어와 '단검_손잡이' 레이어의 순서가 다음처럼 되어 있는지 확인합니다. 순서가 다르면 '단검_칼날' 레이어를 클릭 드래그하여 위쪽에 위치시킵니다.

NOTE _ 일단 지금까지 작업한 내용을 '단검.psd'로 따로 저장해두세요. 이 이미지는 3.6절 '흑백을 컬러로 바 꾸기'에서 다시 사용할 겁니다.

14 이제 검의 색상을 컬러로 바꾸겠습니다. 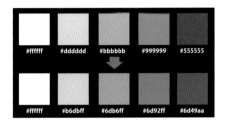 자동 선택 도구(Magic Wand Tool)로 회색 팔레트의 색상을 선택한 뒤 1:1로 교체할 것입니다. 같은 레이어에 그려져 있다면 같은 RGB 값을 가진 색을 자동 선택 도구로 한 번에 선택할 수 있습니다.

자동 선택 도구(Magic Wand Tool) 사용법

• RGB값이 다른데 같이 선택되었다면 자동 선택 도구 옵션 패널에서 Tolerance(허용치)를 1로 지정하세요.

• 같은 색인데 일부분만 선택되었다면 Contiguous(인접) 옵션을 체크 해제해주세요.

• Anti-alias(앤티 앨리어스)는 항상 체크 해제해주세요.

15 '단검_칼날' 레이어를 선택합니다. 자동 선택 도구로 팔레트에서 가장 어두운 다섯 번째 색(#555555)을 선택합니다.

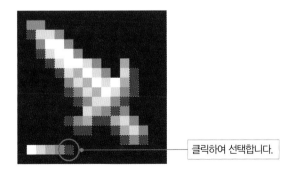

16 전경색을 보라색(#6d49aa)으로 바꾼 뒤 [Alt] + [Delete] (전경색으로 채우기)를 누르면 짙은 회색 대신 보라색이 칠해집니다. [Ctrl] + [D] 를 눌러 선택 영역을 해제합니다.

17 같은 방법으로 회색 팔레트에 있는 색을 모두 컬러로 교체합니다.

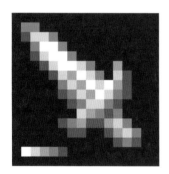

18 손잡이는 다른 색으로 바꾸겠습니다. 일단 '단검_칼날' 레이어에서 칼날만 남기고 다른 부분은 지웁니다. ■ 사각형 선택 윤곽 도구를 클릭한 뒤 [Shift] 키를 누른 상태에서 손잡이 부분을 드래그하여 다음과 같이 선택하고 [Delete] 키를 눌러 지우면 됩니다.

19 '단검_칼날' 레이어의 눈 아이콘을 클릭하여 보이지 않게 한 후 '단검_손잡이' 레이어에서
회색 팔레트의 색상을 컬러로 교체합니다.

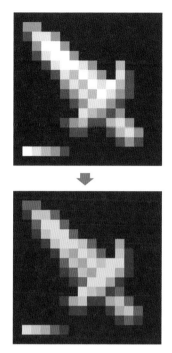

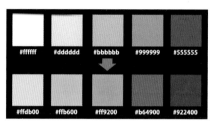

20 Shift 키를 누른 상태에서 '단검_칼날' 레이어와 '단검_손잡이' 레이어를 선택한 후 단축 메
뉴에서 Merge Layers(레이어 병합)을 선택하여 두 레이어를 하나로 합칩니다.

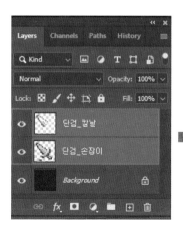

21 마지막으로 팔레트를 지우고 배경 레이어의  눈 아이콘을 클릭하여 보이지 않게 한 뒤 *.png로 저장합니다. 검이 완성되었습니다.

NOTE_ 자동 선택 도구로 색상을 일일이 지정하는 방법 말고 한꺼번에 바꾸는 방법도 있습니다. 그 방법은 3.6절 '흑백을 컬러로 바꾸기'에서 설명하겠습니다.

2.15 도트의 계단 현상 줄이는 방법

지그재그 선은 되도록 피하는 게 좋지만 가끔 어쩔 수 없을 때가 있습니다. 예를 들어 인벤토리에 들어갈 무기 아이콘을 만들려고 하는데, 칼날이 좁아지는 디자인의 검을 만들고 싶은 경우가 있습니다. 도트에서 선을 조금이나마 부드럽게 만드는 방법을 알아보겠습니다.

앤티 앨리어스는 포토샵에서 계단 현상을 방지하기 위해 사용하는 기법입니다. 경계선 주변에서 불투명도를 80%, 60%, 40%...로 점차 낮추어 선을 부드럽게 보이게 합니다. 이 원리를 따라 그려봅시다.

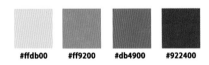

#ffdb00   **#ff9200**   **#db4900**   **#922400**

01 외곽선은 4번 색(#922400)입니다.

02 외곽선 안쪽으로 한 단계 밝은 3번 색(#db4900)을 칠합니다. 이때 절반만큼만 채웁니다.

03 그리고 그보다 한 단계 더 밝은 2번 색(#ff9200)으로 남은 절반을 채웁니다.

04 이렇게 앤티 앨리어스 효과를 직접 그려주었습니다. 나란히 놓고 보면 전과 후의 차이가 보이죠?

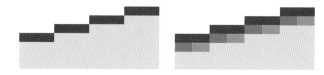

2.16 요점 정리

• 도트는 다음 순서로 작업합니다.

  1 형태 그리기
  2 전체적인 명암 표현
  3 세부적인 명암 표현
  4 외곽선의 명암 표현

• 밑그림을 바로 그리기가 어렵다면 기본 도형을 그린 뒤 변형하세요.

• 그릴 때 선이 뭉친 곳은 없는지 항상 확인해주세요.

• 도트는 작아도 그 속에 빛과 어둠이 있습니다. 명암 단계를 나누고 빛의 방향을 고려하여 입체감 있게 표현해주세요. 명암이 먼저, 색은 그 다음입니다. 색은 나중에 얼마든지 보정할 수 있으니 배색에 너무 부담 갖지 마시고 명암과 형태에 더 신경 쓰는 게 좋습니다.

• 도트는 점 하나가 완성도를 좌우합니다. 점이 어디에 있는지, 어떤 색을 가지는지에 따라 느낌이 많이 달라집니다.

팔레트와 색상

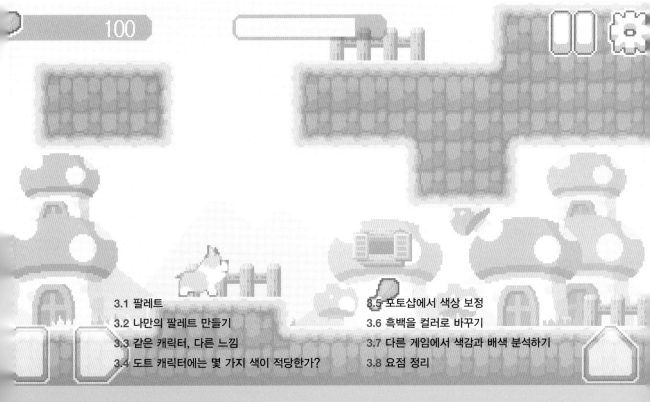

이 장에서는 나만의 팔레트를 만들어 사용하는 방법과 색상을 보정하는 방법을 살펴보겠습니다. 포토샵에서 색상을 보정할 때는 색조/채도, 레벨, 색상 균형을 가장 많이 사용합니다. 먼저 나만의 팔레트를 만들어보겠습니다.

3.1 팔레트

16만 컬러 중에서 자신이 원하는 색을 찾아내는 건 어려운 일입니다. 그때그때 배색을 찾는 것도 무척 고민되는 일이고요. 그러므로 팔레트 사용을 권합니다. 색을 한눈에 알아볼 수 있어서 배색할 때 편리하고, 정해진 팔레트 안에서 색을 골라 사용하면 전체적인 통일감도 얻을 수 있어 좋습니다. 그렇다면 팔레트는 어디서 구할까요?

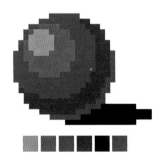 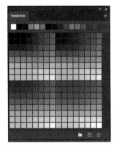

▶ 나만의 색상띠 팔레트   ▶ 색상 견본 팔레트

3.1.1 기존 팔레트 활용

저는 피처폰 때 썼던 256 팔레트를 아직도 기본으로 사용하고 있습니다. 이 팔레트는 특정 색상에 치우치지 않고 색이 골고루 들어 있어서 지금도 잘 쓰고 있습니다. 자주 사용했던 배색과 그 색의 위치를 알고 있어서 색을 고를 때 고민이 줄어드는 장점도 있습니다. 대신 이 팔레트는 회색 계열이 없습니다. 그래서 회색을 쓸 때는 색상 피커(Color Picker)에서 직접 색상을 찾아서 씁니다. 이 팔레트의 색은 채도가 높은 편이라 마무리 단계에서 전체적으로 채도를 낮추는 보정을 하곤 합니다.

3.1.2 참고 이미지에서 팔레트 추출

특정 이미지에 사용된 색상들을 이용해서 팔레트를 만들 수도 있습니다. 메뉴에서 File(파일) → Export(내보내기) → Save for web(Legacy)(웹용으로 저장(레거시))를 선택하면 다음과 같은 창이 뜹니다. 여기서 GIF 포맷을 선택하고 Color(색상)를 256색으로 설정하면 해당 이미지에 사용된 색상을 볼 수 있습니다. 이 Color Table(색상표)을 *.act 파일로 저장하면 됩니다.

01 Color Table(색상표) 오른쪽에 있는 ▣ 색상 팔레트 메뉴를 클릭합니다.

색상 팔레트 메뉴

02 Save Color Table(색상표 저장) 메뉴를 클릭합니다.

03 파일 이름을 지정하고 저장합니다.

04 이렇게 만들어진 팔레트는 Swatches(색상 견본) 창에서 Import Swatches(색상 견본 불러오기)로 불러올 수 있습니다.

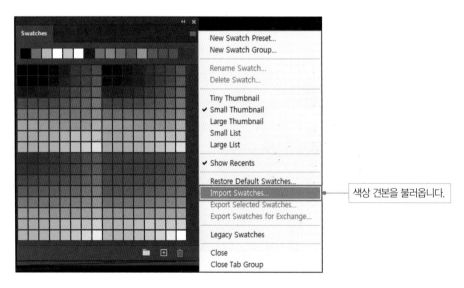

05 앞서 저장한 Color Table(색상표)을 불러왔습니다.

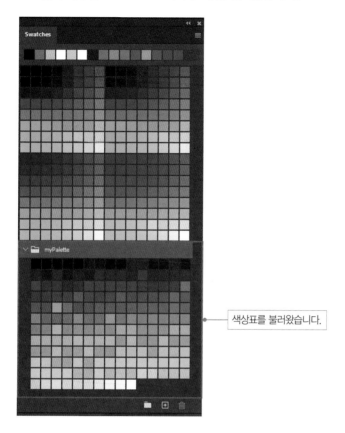

색상표를 불러왔습니다.

3.2 나만의 팔레트 만들기

도저히 내 마음에 드는 팔레트가 없다면 그땐 직접 팔레트를 만들어서 써야 할 것입니다. 예를 들어 다음과 같이 하늘을 그린다고 합시다. 단색은 좀 밋밋하니 일단 두 가지 색을 골랐는데 너무 층이 져서 아무래도 단계를 더 세세하게 나눠야 할 것 같습니다. 어떤 색을 중간에 넣으면 자연스러울까요?

3.2.1 불투명도 활용법

중간색을 찾는 방법은 여러 가지가 있습니다. 그중 불투명도를 활용하는 방법을 사용해보겠습니다.

다음은 앞의 하늘 그림에서 하늘을 그리는 데 사용한 두 가지 색상입니다.

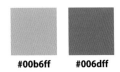

#00b6ff　　　**#006dff**

01 먼저 전경색을 파란색(#006dff)으로 바꿉니다.

02 ✏️ 연필 도구를 클릭한 뒤 연필 도구 옵션 패널에서 Opacity(불투명도)를 50%로 지정하고, 연필 크기를 15픽셀로 크게 만듭니다.

연필 크기를 지정합니다.　　　불투명도를 지정합니다.

03 하늘색(#00b6ff) 위에 파란색(#006dff)을 덧칠합니다. 중간 단계가 생겼습니다.

04 같은 방법으로 Opacity(불투명도)를 25%로 하고 한 번 더 그립니다.

05 단계를 늘릴수록 좀 더 부드러운 하늘이 만들어질 겁니다.

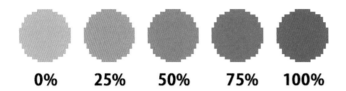

0%   **25%**   **50%**   **75%**   **100%**

06 이렇게 만들어진 색상들을 보기 좋게 정리하면 그것이 팔레트가 됩니다. 이 팔레트를 별도의 *.act 파일로 저장한 뒤 Swatches(색상 견본) 창에서 불러와서 사용해도 좋고, 그냥 위와 같이 *.png 이미지로 저장한 뒤 옆에 띄워 놓고 그때그때 ✒ 스포이드 도구로 색상의 RGB값을 읽어서 사용해도 됩니다.

3.2.2 색상 피커 활용법

색상 피커(Color Picker)에서 자신이 원하는 색을 찾으려면 어떻게 해야 할까요? 자신이 원하는 색은 과연 어디에 있을까요? 여기서는 색상 피커에서 원하는 색상을 찾는 방법을 알아보겠습니다.

01 색상 피커에서 좌우는 채도, 상하는 명도를 의미합니다.

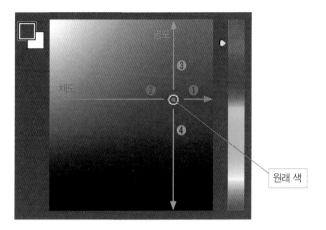

원래 색

❶ 처음보다 선명한 색을 원할 땐 원래 색의 오른쪽에서 색을 찾아보세요.

❷ 처음보다 차분한 색을 원할 땐 원래 색의 왼쪽에서 색을 찾아보세요.

❸ 처음보다 밝은 색을 원할 땐 원래 색의 위쪽에서 색을 찾아보세요.

❹ 처음보다 어두운 색을 원할 땐 원래 색의 아래쪽의 색을 찾아보세요.

02 명암을 표현하려면 기본색을 기준으로 밝은 색, 어두운 색 등의 단계가 필요합니다. 가상의 선을 따라 색을 선택하고, 명암 단계를 만들어봅시다.

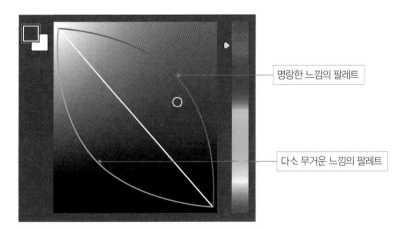

명랑한 느낌의 팔레트

다소 무거운 느낌의 팔레트

붉은 선을 따라 단계를 만들면 명랑한 느낌의 팔레트(첫 번째 그림)가 됩니다. 파란 선을 따라 단계를 만들면 다소 무거운 느낌의 팔레트(세 번째 그림)가 됩니다. 노란 선은 그 중간입니다. 그 차이가 보이나요?

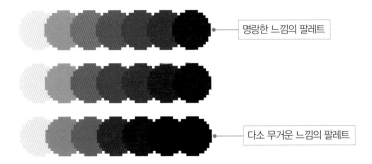

명랑한 느낌의 팔레트

다소 무거운 느낌의 팔레트

03 이번에는 가상의 붉은 선을 따라 색을 선택하면서 동시에 색상 슬라이더를 조금씩 아래로 움직입니다.

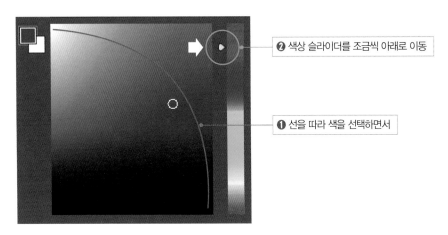

❷ 색상 슬라이더를 조금씩 아래로 이동

❶ 선을 따라 색을 선택하면서

좀 더 재밌는 배색이 나왔네요! 첫 번째 배색은 붉은 선을 따라 색을 선택한 것이고, 두 번째 배색은 붉은 선을 따라 색을 선택할 때 슬라이더를 조금씩 아래로 움직인 결과입니다.

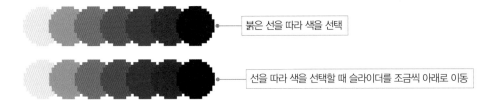

붉은 선을 따라 색을 선택

선을 따라 색을 선택할 때 슬라이더를 조금씩 아래로 이동

원색은 되도록 피하세요!

팔레트를 만들 때 한쪽 끝에 있는 색상(원색)은 되도록 사용하지 않는 게 좋습니다. 채도가 높아서 눈에 가장 잘 띄지만 이 색을 많이 사용하면 눈이 피곤합니다. 이런 색은 주로 이펙트에 활용됩니다.

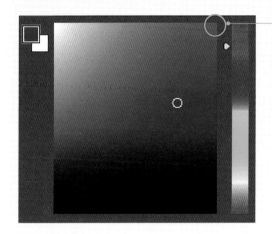

한쪽 끝에 있는 색상은 사용하지 않습니다.

3.2.3 색상환 활용법

먼셀은 빨강, 노랑, 녹색, 파랑, 보라를 기본 5색으로 정하고, 그 중간에 주황, 연두, 청록, 군청, 자주를 추가하여 기본 10색을 지정했습니다. 이것을 먼셀 색상환$^{Munsell\ Color\ System}$이라고 합니다. 먼셀 색상환에서 서로 이웃한 색들을 유사색이라고 하는데, 유사색으로 배색하면 한 가지 색상 계열만으로 배색할 때보다 은은하고 풍부한 색감을 표현할 수 있습니다.

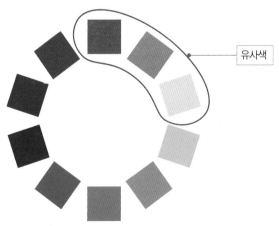

유사색

▶ 먼셀 색상환

01 다음은 먼셀 색상환을 바탕으로 만든 팔레트입니다. 기본 10색 중 인접한 3개의 색상(예를 들면 빨강–주황–노랑)을 정하고 그 중간색들을 만들었습니다.

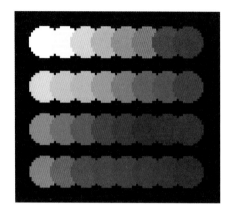

02 여기서 마음에 드는 색상을 추리세요. 그리고 차분한 분위기를 원한다면 Hue/Saturation 으로 색의 채도를 조금 낮추세요. 이렇게 필요한 색들을 계속 찾아서 추가하세요.

03 마지막으로 이 색상들에 밝기를 추가하겠습니다. 회색을 섞으면 색이 탁해지기 때문에 저는 보라색을 섞었습니다. 이것을 보기 좋게 정리하면 팔레트가 됩니다.

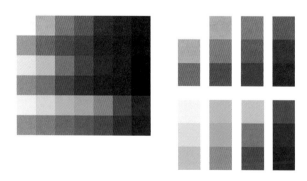

04 팔레트에서 밝기 순서대로 3~5가지의 색을 선택해서 그림을 그려보세요. 다른 그림을 그릴 때도 이와 비슷한 느낌을 내고 싶다면 지금 만든 배색을 활용하면 됩니다.

3.3 같은 캐릭터, 다른 느낌

같은 캐릭터라도 어떤 배색을 쓰는지에 따라 느낌이 달라집니다. 예를 들어 머리카락의 색을 보면 왼쪽 캐릭터는 같은 주황색 안에서만 색을 선택했지만 오른쪽 캐릭터는 주황색 → 빨간색 → 보라색으로 가는 단계에서 색을 선택했습니다. 피부색 역시 마찬가지입니다. 왼쪽 캐릭터는 노란색 안에서만 선택했지만 오른쪽 캐릭터는 노란색 → 주황색으로 가는 색을 선택했습니다. 또한 비슷한 색이라면 사실 여러 개 사용할 필요가 없습니다. 오른쪽 캐릭터의 경우 머리카락에 사용된 색을 피부에도 사용하여 실제로는 더 적은 색을 사용했지만 더 깔끔해 보입니다.

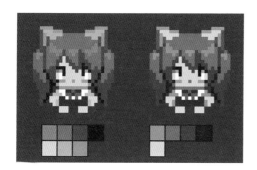

다음 팔레트에서 위 팔레트는 노란색, 주황색을 거쳐서 빨간색으로 바뀌는 팔레트고, 아래 팔레트는 흰색에서 빨간색으로 바뀌는 팔레트입니다. 여러분은 어떤 팔레트가 더 마음에 드나요?

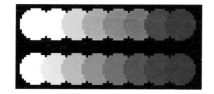

3.4 도트 캐릭터에는 몇 가지 색이 적당한가?

특별한 이유가 없는 한 처음부터 색상수를 정해 놓고 시작하진 않습니다. 필요할 때마다 명암 단계를 늘리면 됩니다. 비슷한 색을 너무 세세하게 나누면 붓으로 그린 것처럼 뿌옇게 보일 수 있습니다(오른쪽 그림). 그래서 보통 3단계(기본색, 밝은 색, 어두운 색)를 기본으로 사용하고, 좀 더 부드럽게 표현하고 싶을 때 한두 단계를 더 추가하는 것이 좋습니다.

너무 세세하게 나누면 붓으로 그린 것처럼 뿌옇게 보입니다.

색을 많이 사용한다고 해서 반드시 좋은 것만은 아닙니다. 지금은 16만 컬러 중 어떤 색이든 사용할 수 있고 용량의 제약도 없지만 옛날 게임에서는 제한이 많았습니다. 캐릭터 1개에 최대 16색(투명색을 제외하면 15색)을 사용했고, 플랫폼마다 사용할 수 있는 팔레트가 달라서 그 팔레트에 없는 색은 아예 사용할 수 없었습니다. 당시 도트 디자이너들은 제한된 환경 속에서도 어떻게든 캐릭터를 표현해보려고 애썼는데, 그 덕분에 그때가 지금보다 센스 있는 색감을 가진 게임이 많았다고 생각합니다.

3.5 포토샵에서 색상 보정

한 번에 내가 원하는 색을 찾는 것은 매우 힘듭니다. 지금은 무척 마음에 드는데, 다음날 다시 보면 마음에 안들 때도 있습니다. 그러므로 너무 오래 고민하지 말고 일단 칠하세요. 색상은 얼마든지 보정할 수 있습니다. 지금부터 가장 많이 사용하는 색상 보정 기능을 알아보겠습니다.

3.5.1 색조/채도

포토샵에서 색상을 보정할 때는 색조/채도 기능을 가장 많이 사용합니다. 메뉴에서 Image(이미지) → Adjustments(조정) → Hue/Saturation(색조/채도)을 선택하면 다음과 같은 Hue/Saturation(색조/채도) 창이 나타납니다. 슬라이더를 움직여서 색조(Hue), 채도(Saturation), 명도(Lightness, 밝기)를 임의로 조정할 수 있습니다.

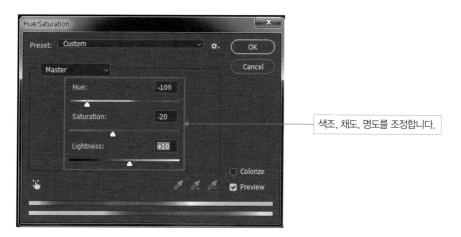

다음은 색조/채도를 변경한 예입니다. 위에 있는 색은 원래 색이고, 아래에 있는 색은 색조/채도를 변경한 결과 색입니다.

다음 그림을 봅시다. 처음에는 분홍색 슬라임(몬스터) 한 개만 만들었습니다. 노란 슬라임과 파란 슬라임은 분홍색 슬라임을 복제하고 색조/채도 기능을 활용하여 만든 것입니다. 다만 색조/채도 기능은 기계적으로 전체적인 색감을 바꾸는 것이기 때문에 이 기능만으로 자신이 원하는 색감을 한 번에 얻기는 어렵습니다. 따라서 일부 색은 자신의 색감에 맞게 🪄 자동 선택 도구 또는 ⬚ 사각형 선택 윤곽 도구로 영역을 지정한 후 색조/채도 기능을 사용하여 직접 보정해주어야 합니다.

3.5.2 레벨

이미지를 보면 가끔 뿌옇다는 느낌을 받을 때가 있습니다. 대비차를 높여서 좀 더 또렷한 느낌을 원한다면 레벨 기능을 사용합니다. 밝기와 대비를 세밀하게 조정할 수 있습니다. 메뉴에서 Image(이미지) → Adjustments(조정) → Levels(레벨)를 선택하면 다음과 같은 Levels(레벨) 창이 나타납니다. 여기서 레벨을 조정하면 됩니다.

다음 두 이미지는 레벨을 조정한 결과를 보여줍니다. 이미지가 좀 더 또렷해진 것을 알 수 있습니다.

3.5.3 색상 균형

'아주 조금만 더 파란 느낌이었으면 좋겠어!'라거나 '좀 더 따뜻한 느낌이면 어떨까?' 싶을 때가 있습니다. 이렇게 색감을 미세하게 조정할 때는 색상 균형 기능을 사용합니다. 어두운 영역(Shadows), 중간 영역(Midtones), 밝은 영역(Highlights)을 나누어 눈으로 보면서 섬세하게 원하는 느낌을 추가할 수 있습니다. 메뉴에서 Image(이미지) → Adjustments(조정) → Color Balance(색상 균형)를 선택하면 다음과 같은 Color Balance(색상 균형) 창이 나타납니다.

슬라이더를 이동시켜 색상을 조정할 수 있습니다. 다음은 색상 균형을 조정한 예입니다.

3.5.4 채도 감소

채도 감소는 채도를 낮춰서 컬러를 흑백으로 만드는 기능입니다. 메뉴에서 Image(이미지) → Adjustments(조정) → Desaturate(채도 감소)를 선택합니다.

다음은 채도를 감소시켜 컬러 그림을 흑백 그림으로 바꾼 예를 보여줍니다.

NOTE_ Image(이미지) → Adjustments(조정)의 하위 메뉴에는 이 외에도 여러 가지 기능이 들어 있으며, 모두 색상 보정 기능입니다. 상황에 따라 적절히 활용하면 됩니다. 시험 삼아 하나씩 눌러보세요.

3.6 흑백을 컬러로 바꾸기

2.14절 '흑백으로 정밀 묘사'에서는 흑백 색상을 컬러로 바꿀 때 색상을 일일이 지정했습니다.
여기서는 색상을 한 번에 바꾸는 방법을 알아봅니다.

01 2.14절에서 저장해 두었던 '단검.psd' 파일을 불러옵니다.

02 앞서 만들어두었던 회색 팔레트는 더 이상 필요 없으니 삭제합니다.

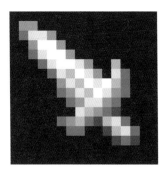

3.6.1 칼날 색 바꾸기

먼저 칼날의 색을 푸르스름한 느낌이 들도록 바꾸겠습니다.

01 '단검_칼날' 레이어를 선택합니다.

02 메뉴에서 Image(이미지) → Adjustments(조정) → Color Balance(색상 균형)를 선택합니다.

03 Color Balance(색상 균형) 창에서 슬라이더를 조정합니다.

- Color Balance(색상 균형)에서 슬라이더를 이동시켜 Red(빨강)를 −40, Blue(파랑)를 +40으로 지정합니다.
- Tone Balance(색조 균형)를 Midtones(중간 영역)로 지정합니다.

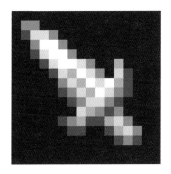 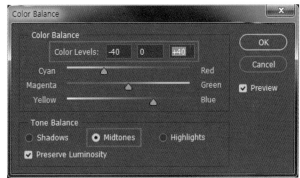

04 칼날의 색이 파랗게 바뀐 것을 알 수 있습니다.

3.6.2 손잡이 색 바꾸기

손잡이는 다른 색으로 바꾸겠습니다.

01 ▨ 사각형 선택 윤곽 도구를 클릭한 뒤 Shift 키를 누른 상태에서 손잡이 부분을 드래그하여 선택하고 Delete 키를 눌러 지웁니다.

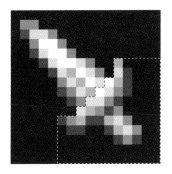

02 이번에는 아래쪽에 있는 '단검_손잡이' 레이어를 선택합니다.

03 메뉴에서 Image(이미지) → Adjustments(조정) → Color Balance(색상 균형)를 선택합니다.

04 Color Balance(색상 균형) 창에서 손잡이 부분이 살짝 갈색 빛이 나도록 슬라이더를 조정합니다.

- Color Balance(색상 균형)에서 슬라이더를 이동시켜 Red(빨강)를 +80, Blue(파랑)를 −60으로 지정합니다.
- Tone Balance(색조 균형)를 Midtones(중간 영역)로 지정합니다.

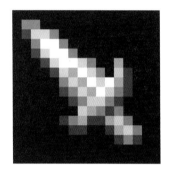
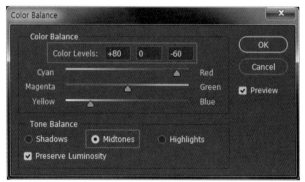

05 손잡이가 살짝 갈색 빛이 나는 것을 알 수 있습니다.

3.6.3 레이어 블렌딩

아무래도 손잡이가 너무 밝은 느낌입니다. 전체적으로 진한 노란색이었으면 좋겠습니다. 이럴 경우엔 두 레이어의 색상을 혼합하는 레이어 블렌딩(Layer Blending) 모드를 활용하면 편리합니다.

01 '단검_손잡이' 레이어를 마우스 오른쪽 클릭한 후 단축 메뉴에서 '레이어 복제'를 선택하여 레이어를 복제합니다. '단검_손잡이 copy' 레이어가 만들어집니다.

02 복제된 '단검_손잡이 copy' 레이어를 선택하고 ▨ 투명 픽셀 잠그기를 클릭하여 레이어에 Lock(🔒)을 걸어주세요. 이렇게 하면 투명 픽셀 부분은 수정을 할 수 없게 됩니다.

03 전경색을 노랑(#ffdb00)으로 바꾸고 Alt + Delete (전경색으로 채우기)를 누릅니다. 단축키가 생각나지 않을 때는 Edit(편집) → Fill(칠)을 선택한 뒤 OK를 누르면 됩니다.

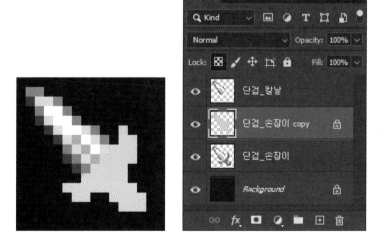

04 '단검_손잡이 copy' 레이어의 블렌딩 모드를 Normal(표준)에서 Multiply(곱하기)로 바꿔줍니다. Multiply는 아래에 있는 레이어와 색상을 곱하라는 의미입니다. 이제 손잡이 색이 갈색에 노란색을 곱해서 조금 어두워졌습니다.

Multiply로 바꿉니다.

05 Shift 키를 누른 상태에서 지금까지 만든 레이어를 모두 선택하고 마우스 오른쪽 클릭한 후 단축 메뉴에서 Merge Layers(레이어 병합)을 선택해 레이어를 하나로 합칩니다.

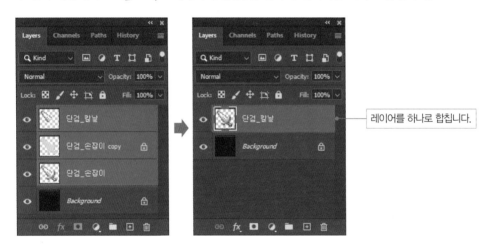

레이어를 하나로 합칩니다.

06 마지막으로 원하는 비율로 확대한 후 *.png로 저장하면 됩니다.

이렇게 흑백 색상도 컬러로 바꿀 수 있습니다. 흑백의 명암 단계를 잘 나누는 것이 중요합니다. 명암 단계를 잘 나누어 놓으면 색상은 나중에 얼마든지 보정할 수 있습니다.

3.7 다른 게임에서 색감과 배색 분석하기

게임 스크린샷에는 생각보다 많은 노하우가 담겨 있습니다. 그래서 색감이 좋은 게임 하나를 정해서 그 배색을 찾아보며 연구하는 것도 색감 공부할 때 많은 도움이 됩니다. 각 색이 색상 피커(Color Picker)에서 어디쯤 위치하는지 눈여겨보세요. 이런 연구에서 많은 것을 배울 수 있습니다.

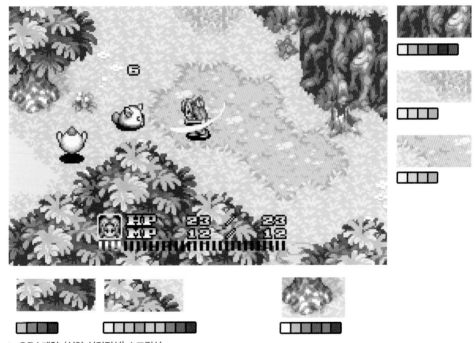

▶ GBA게임, '신약 성검전설' 스크린샷

게임 스크린샷 한 장에서 읽어낸 이 게임의 배색 특징은 다음과 같습니다.

- 캐릭터의 그림자는 검정색이 아닙니다. 검정에 가까운 짙은 회색(#282828)입니다.
- 이 게임에서 배경이 무겁지 않고 밝게 느껴지는 것은 가장 어두운 곳에 검정 대신 짙은 보라색이나 짙은 파란색 등을 사용했기 때문입니다.

- 유사색(먼셀 색상환에서 이웃한 색)을 활용하면 풍부한 색감을 표현할 수 있습니다.

  예) 노랑-연두-녹색, 하늘-파랑-보라

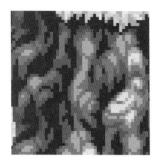  

NOTE_ 다른 게임의 색상을 연구할 때 게임 플레이 영상도 함께 살펴보세요. 그 게임의 캐릭터와 몬스터 크기, 각각의 동작에 사용된 프레임 수, 배경 레이어 구조, UI/UX까지 모두 읽어낼 수 있습니다.

이제 여러분의 팔레트를 만들어보세요. 어떤 방법을 사용하든 어떤 모양으로 만들든 상관없습니다. 자신이 색상을 찾아 쓰기 편한 방법을 사용하면 됩니다.

- .act 파일로 만들고 Swatches(색상 견본)에서 불러온 후 사용해도 됩니다.
- 이미지 파일로 만들어 두고 그때그때 스포이드로 RGB값을 읽어도 좋습니다.
- 여백에 그려뒀다가 마지막에 보이지 않게 하거나 지워도 됩니다.

3.8 요점 정리

색상에 관해서 우리 눈은 생각보다 정확하지 않습니다. 착시 효과 샘플들을 보면 우리 눈이 얼마나 잘 속는지 종종 놀라울 정도입니다. 주변에 어떤 색이 있는지, 두 색의 비율은 어떤지, 그 차이가 어느 정도인지에 따라 눈은 쉽게 착각합니다. 몇 년 전 한창 뜨거웠던 파검 vs 흰금 드레스의 색깔 논란 때도 그러했고요.

그러므로 그 색이 실제로 어떤 색상인지 직접 찾아볼 것을 추천합니다. 색감은 관찰과 연습으로 익힙니다. 왜 이 색이 이렇게 보였는지, 어떻게 하면 내 게임에도 그런 느낌을 낼 수 있는지 찾아보고 연구하는 과정에서 많은 것을 배울 수 있습니다. 물론 한 번에 내 마음에 드는 배색은 나오지 않을 것입니다. 하지만 걱정하지 마세요. 포토샵은 색상 보정에 정말 강력한 툴입니다. 포토샵으로 색상을 보정하다 보면 가끔 생각지도 못한 멋진 배색을 찾는 행운을 얻기도 하니까요.

애니메이션

애니메이션은 캐릭터에 생동감을 불어넣는 작업입니다. 여러 장의 그림을 그려서 차례대로 재생시키면 마치 캐릭터가 움직이는 것처럼 보이게 됩니다.

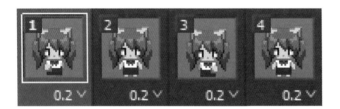

움직임을 이루는 각 그림을 프레임이라고 하는데, 프레임이 많을수록 자연스러운 동작이 만들어지지만 리소스 용량은 늘어납니다. 도트 애니메이션은 모든 동작을 수작업으로 그려야 하므로 작업에 소요되는 시간도 그만큼 늘어납니다. 어떤 동작에 꼭 필요한 키프레임을 먼저 정하고, 필요에 따라 중간 프레임을 추가하는 게 좋습니다.

4.1 슬라임 애니메이션

게임에서 귀여움을 담당하고 있는 슬라임(몬스터)을 만들고 통통 튀는 애니메이션 작업을 하겠습니다. 슬라임이 통통 튀는 애니메이션을 만들기 위해서는 최소 2개의 슬라임을 만들어야 합니다. 하나는 슬라임이 공중에 떠 있을 때의 모양이고, 다른 하나는 슬라임이 바닥에 부딪혔을 때의 모양입니다. 4.1.4절 '낙하/점프'에서는 여기에 세 번째 슬라임을 추가하겠습니다.

▶ 슬라임이 공중에 있을 때와 바닥에 닿았을 때의 모양

4.1.1 첫 번째 슬라임 만들기

먼저 슬라임이 공중에 떠 있을 때의 모양을 만들겠습니다.

01 17×13의 새 캔버스를 만듭니다.

02 새 레이어를 추가하고, 레이어 이름을 '1'로 변경합니다.

03 다음과 같이 슬라임을 그립니다.

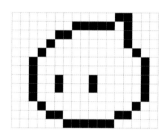

04 슬라임에 명암을 넣겠습니다. 슬라임은 구의 명암과 비슷합니다.

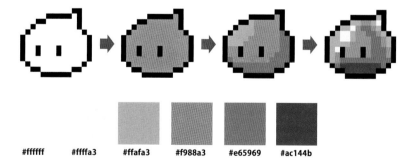

#ffffff   #ffffa3   #ffafa3   #f988a3   #e65969   #ac144b

05 첫 번째 슬라임이 완성되었습니다.

▶ 완성된 첫 번째 슬라임

4.1.2 두 번째 슬라임 만들기

게임에서 슬라임은 말랑말랑한 젤리형으로 무른 성질을 가지고 있습니다. 그 특징을 살려서 두 번째 슬라임을 만들면 됩니다. 마치 누군가가 슬라임을 위에서 누른 것처럼 납작하게 만들면 됩니다.

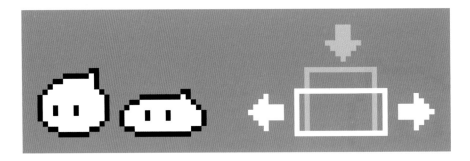

01 첫 번째 슬라임을 그린 레이어 '1'을 복제하고, 레이어 이름을 '2'로 바꿉니다.

02 첫 번째 슬라임의 도트를 양 옆으로 조금씩 옮겨서 다음과 같이 2번째 슬라임을 만듭니다.

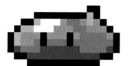

▶ 완성된 두 번째 슬라임

4.1.3 타임라인 애니메이션

완성된 두 개의 슬라임을 사용해서 타임라인으로 애니메이션을 만들어보겠습니다.

01 메뉴에서 Window(창) → Timeline(타임라인)을 선택하면 Timeline(타임라인) 패널이 뜹니다.

> NOTE_ 만약 포토샵 구 버전을 사용하고 있어서 Window(창) → Timeline(타임라인) 메뉴가 보이지 않는다면 Window(창) → Animation(애니메이션)을 선택하세요. 포토샵 CS6 버전부터 Animation 대신 Timeline으로 이름만 바뀌었습니다.

02 Create Video Timeline(비디오 타임라인 만들기)을 클릭합니다.

비디오 타임라인 만들기

03 비디오 타임라인이 만들어집니다. 왼쪽 아래에 있는 필름 모양의 ▦ Convert to frame animation(프레임 애니메이션으로 변환) 아이콘을 클릭합니다.

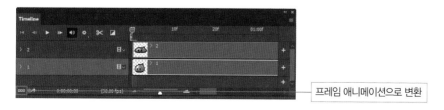

프레임 애니메이션으로 변환

04 프레임 애니메이션으로 변환됩니다. 프레임당 재생 시간을 0.2초로 바꿉니다. 총 2개의 동작이므로 ⊞ 복제 아이콘을 클릭하여 프레임을 복제합니다.

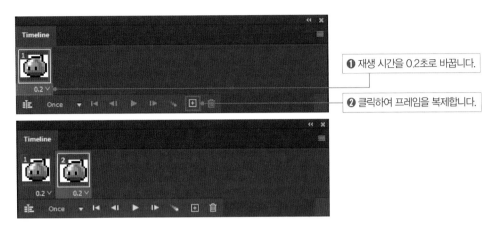

❶ 재생 시간을 0.2초로 바꿉니다.

❷ 클릭하여 프레임을 복제합니다.

05 1번 프레임에는 '1' 레이어만 보이게 설정하고, 2번 프레임에는 '2' 레이어만 보이게 설정합니다.

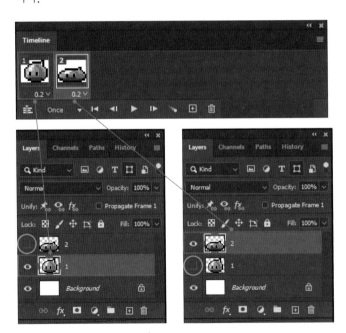

06 애니메이션을 반복 재생하도록 재생 횟수를 Forever(계속)로 바꿔줍니다. 이것으로 애니메이션 설정이 끝났습니다.

재생 횟수 : Forever(계속)

재생 버튼

07 ▶ 재생 버튼을 누르면 완성된 애니메이션을 확인할 수 있습니다.

08 마지막으로 원하는 비율로 확대한 후 저장합니다. 애니메이션과 리소스 모두 메뉴에서 File (파일) → Export(내보내기) → Save For Web(legacy)(웹용으로 저장(레거시))를 선택하여 저장할 수 있습니다.

애니메이션은 GIF로, 리소스는 프레임 수만큼 PNG-8 또는 PNG-24로 저장하면 됩니다.

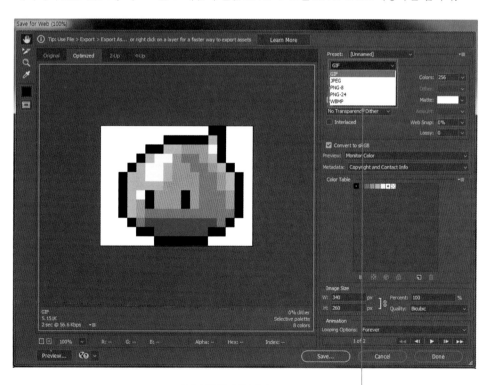

애니메이션은 GIF로, 리소스는 PNG로 저장합니다.

4.1.4 낙하/점프

이번에는 방금 만든 슬라임이 위에서 아래로 떨어지면서 등장하는 자유낙하 애니메이션을 만들겠습니다. 만드는 방법은 똑같습니다. 대신 중간 프레임이 몇 개 추가됩니다. 본격적으로 만들기 전에 어떻게 연출할지 먼저 계획을 세워봅시다.

초심자에게 낙하 애니메이션을 만들어보라고 하면 보통 일정한 간격으로 슬라임을 이동시킬 것입니다. 하지만 어떤 물체도 낙하할 때 일정한 속도로 내려오진 않습니다. 다음 포물선 그래프처럼 바닥에 가까워질수록 더 빠른 속도로 내려옵니다.

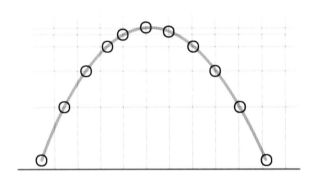

이를 슬라임에 적용하면 다음과 같습니다. 슬라임이 바닥에 가까워질수록 더 빠른 속도로 내려옵니다.

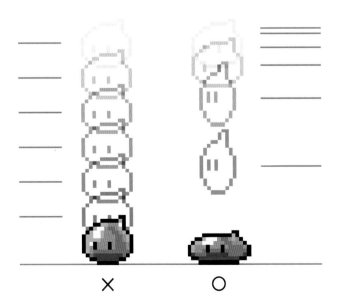

×　　　　　○

다음은 공을 바닥에 튕겼을 때 튀어 오르는 반동을 표현한 것입니다. 튀어 오르는 횟수가 늘어날수록 점점 튀어 오르는 높이가 낮아지는 것을 알 수 있습니다.

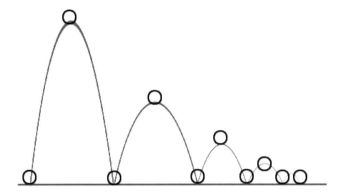

하지만 슬라임은 공과 달리 말랑말랑합니다. 공처럼 튀지 않고 땅에 닿자마자 푹 퍼질 것입니다. 물론 탄성이 있어서 금방 회복하겠지만 잠시 동안 제자리에서 퍼졌다 원래 모양으로 돌아오기를 반복할 것입니다.

NOTE_ 슬라임 애니메이션을 만드는 데 웬 물리 법칙 타령이냐고요? 진짜처럼 움직이게 하려면 물리 공식은 몰라도 물리 법칙은 이해는 하고 있어야 합니다. 애니메이션 작업에서는 물리 법칙을 아는 것이 중요합니다.

이제 중간에 새로 추가할 프레임에 들어갈 슬라임을 그리겠습니다. 어떤 모양으로 그려야 할지 감이 잡히나요? 탱글탱글한 슬라임과 푹 퍼진 슬라임의 중간 모양을 그리면 되겠죠?

01 메뉴에서 Image(이미지) → Canvas Size(캔버스 크기)를 선택한 뒤 캔버스 크기를 32×64로 늘립니다. Anchor(기준)는 캔버스가 바닥을 기준으로 위로 늘어나도록 설정합니다.

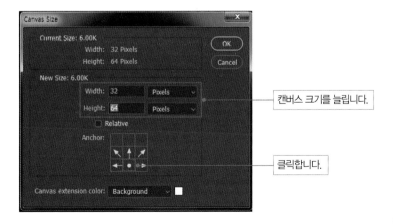

캔버스 크기를 늘립니다.

클릭합니다.

02 새 레이어를 추가하고, 이름을 '3'으로 변경합니다.

03 다음처럼 세로로 길게 늘어난 슬라임을 그립니다.

▶ 완성된 세 번째 슬라임

04 각각의 프레임에서 슬라임의 위치를 다음과 같은 느낌이 들도록 이동시킵니다. 캔버스 크기를 늘리고 슬라임을 이동시키면 됩니다.

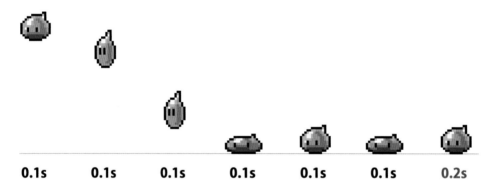

| 0.1s | 0.1s | 0.1s | 0.1s | 0.1s | 0.1s | 0.2s |

05 마지막 프레임은 다른 프레임보다 조금 길게 재생합니다. 더 이상 움직임은 없지만 떨림이 끝났다는 의미로 다음 애니메이션 시작 전까지 약간의 지연을 주는 것입니다. 점프 애니메이션은 낙하 애니메이션의 순서를 반대로 하면 됩니다.

낙하하거나 점프하는 애니메이션은 등속이 아닙니다. 같은 1프레임 간격이더라도 움직인 거리는 일정하지 않습니다. 슬라임 낙하 애니메이션에서 1프레임 사이의 슬라임 위치 변화를 보면 바닥에 가까워질수록 점점 빨라졌고, 속도가 달라졌음을 슬라임의 위치로 표현했습니다. 실제로 등속을 가진 애니메이션은 거의 없습니다. 너무 밋밋해서 재미가 없기 때문이지요. 속도에 변화를 주는 것은 애니메이션의 느낌을 살리는 핵심입니다. 애니메이션뿐만 아니라 이펙트도 마찬가지입니다.

빠르다가 점점 느려지는 패턴은 주로 UI 애니메이션에서 볼 수 있습니다. 창이 화면 밖에서 날아와 서서히 멈추는 연출처럼 말이죠. 느리다가 점점 빨라지는 패턴은 주로 캐릭터 애니메이션에서 볼 수 있습니다.

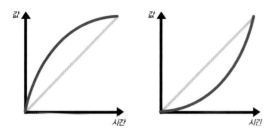

4.2 캐릭터 애니메이션

여기서는 32×32 크기의 캔버스에 캐릭터를 그리고 애니메이션을 만들 것입니다. 캐릭터를 크게 만들면 옷 주름 표현, 근육, 관절 등 신경 써야 할 부분이 많아져서 초심자가 따라 하기 어렵기 때문입니다. 각 동작은 3~4프레임 정도로 많지 않을 것입니다. 프레임은 동작을 만들다가 동작이 너무 끊긴다고 느껴지면 그때 늘려도 늦지 않습니다.

먼저 캐릭터 애니메이션 작업에 대한 전반적인 과정을 살펴보겠습니다.

[과정 1] 캐릭터 등신비 정하기

캐릭터의 머리와 몸의 비율을 등신비라고 합니다. 서로 다른 등신비는 각각 장단점이 있고, 취향과 장르에 따라 등신비를 선택하게 됩니다. 게임에서 캐릭터의 크기와 체형을 정하는 것은 프로젝트 초반에 매우 중요한 작업입니다. 캐릭터 기본형은 한 번 정해지면 나중에 바꾸기 어렵습니다. 그 캐릭터를 기준으로 모든 동작이 만들어지고, 체형에 맞는 옷과 장신구가 입혀지며, 배경 타일과 몬스터 또한 캐릭터 크기 기준으로 정해지기 때문입니다. 만약 개발 중간에 체형을 바꾸게 된다면 그때까지 작업한 모든 리소스를 버리고 새로 만들어야 하는 만큼 처음에 캐릭터의 등신비를 정하는 작업은 무척 신중하게 결정해야 합니다.

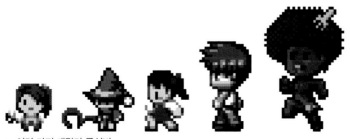

▶ 여러 가지 캐릭터 등신비

SD 캐릭터	8등신 캐릭터
SD(Super Deformation Character) 캐릭터는 2~4등신의 미니 캐릭터입니다. 머리가 크고 팔다리가 통통한 만큼 귀여운 느낌을 줍니다. 하지만 팔다리가 짧아서 동작을 표현하는 데 어느 정도 제약이 있습니다.	실제 사람처럼 좀 더 사실적인 묘사가 가능합니다. 디자인에 어느 정도 제약은 있지만 팔다리가 길어서 액션게임처럼 동작이 중요한 게임에서 주로 사용합니다. 캐릭터 크기에 비해 그릴 수 있는 면적이 좁고, 머리가 작아서 표정이나 헤어 등 캐릭터의 개성을 표현하는 데 어느 정도 제약이 있습니다.

캐릭터 등신비가 정해지면 테스트용 캐릭터를 하나 그립니다. 이 캐릭터는 캐릭터 크기나 등신비가 적당한지 확인하는 데 사용됩니다. 테스트 캐릭터를 배경 위에 올려서 마음껏 늘리거나 줄여본 다음 실제 게임에 사용될 캐릭터의 크기를 결정합니다.

또한 같은 캐릭터라도 16×16 캔버스에 그렸을 때와 32×32 캔버스에 그렸을 때의 캐릭터 표현의 차이는 큽니다. 캔버스 크기가 너무 작으면 표현에 한계가 있기 때문에 표현에 무리가 가지 않는 선에서 캔버스의 크기를 정합니다. 다음 그림은 같은 캐릭터를 16×16 캔버스에 그렸을 때와 32×32 캔버스에 그렸을 때의 차이를 보여줍니다.

16×16　　　**32×32**

마찬가지로 32×32 캔버스에는 2등신 캐릭터를 그릴 수 있지만 8등신 캐릭터는 그릴 수 없습니다.

[과정 2] 캐릭터 기본형 제작

게임에서 사용하는 모든 동작을 다 가지고 있는 알몸의 캐릭터 기본형을 만듭니다. 나중에 직업별로 옷을 갈아입히게 됩니다.

[과정 3] 캐릭터 기본형으로 애니메이션 제작

애니메이션을 만들 때 동작이 끊어지지 않는 선에서 적당한 프레임 수를 찾는 게 중요합니다.

필요 이상으로 프레임 수를 늘리면 리소스 용량뿐만 아니라 작업 시간도 늘어나서 나중에 후회하게 될지 모르니 이 또한 신중하게 정해야 합니다.

[과정 4] 캐릭터에 입힐 옷 디자인

캐릭터에 입힐 옷을 디자인합니다. 캐릭터의 컨셉을 정하고, 여러 가지 디자인을 그려봅니다. 디자인이 결정되면 애니메이션으로 이어집니다.

[과정 5] 캐릭터 옷 애니메이션 제작

모든 동작에 대해 옷을 그립니다. 이때 아바타 시스템이 있는 게임의 경우 마지막에 옷만 남기고 몸은 모두 지워야 합니다(옷과 몸을 서로 다른 레이어에 그려야 하겠죠). 이것이 제가 캐릭터 기본 몸에 옷을 바로 그리지 말라고 강조하는 이유입니다.

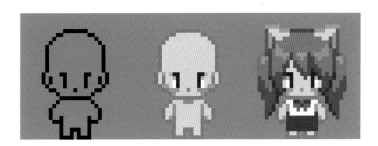

4.2.1 대기

대기는 게임에서 아무 입력이 없을 때 캐릭터가 취하는 작은 동작입니다. 보통 숨을 내쉬는 동작이지요. 대기 동작은 간단합니다. 발을 땅에 붙인 채 골반을 기준으로 가볍게 1픽셀만 아래로 옮겨주면 됩니다. 이때 팔을 살짝 움직여줘도 좋습니다. 이 동작은 2프레임으로 만들 수 있습니다.

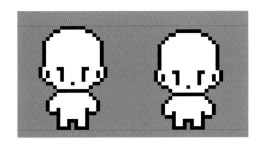

4.2.2 걷기

걷기 동작을 최소한의 프레임으로 표현하려면 어떻게 하면 될까요? 팔과 다리를 앞뒤로 내딛는 동작(1번 프레임)과 팔과 다리를 몸에 붙이는 동작(2번 프레임)을 계속 반복시키면 될 것입니다.

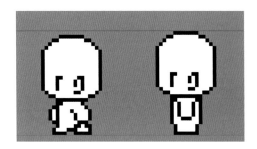

하지만 일부러 의도하지 않는 한 사람이 걸을 때 한쪽 팔만 계속 앞으로 내보내진 않습니다. 자연스럽게 걸어보면 팔과 다리가 번갈아가며 앞으로 나간다는 걸 알 수 있습니다. 이때 골반의 높이도 살짝 변합니다.

이러한 동작을 한꺼번에 표현하면 다음과 같습니다. 캐릭터 아래에 그린 선은 골반 높이의 변화를 나타낸 것입니다.

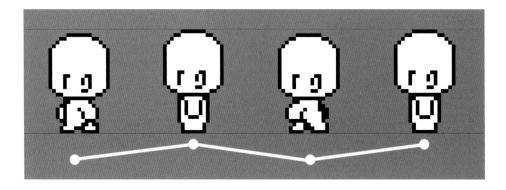

걸을 때 골반의 높이차가 생기는 이유

걸을 때 골반의 높이차가 생기는 것은 캐릭터는 땅 위에 서 있고, 골반에 다리가 붙어 있기 때문입니다. 다음 그림에서 직선을 두 다리, 원을 골반이라고 합시다. 보폭을 넓혔을 때 골반이 그 자리에 있으려면 다리가 늘어나야 합니다. 하지만 그럴 수 없으니 대신 골반 높이가 낮아지는 것이지요. 보폭이 넓어지는 동작에서 골반을 기준으로 캐릭터의 키를 1픽셀 낮춘 이유입니다.

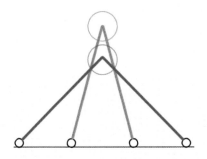

동작을 겹쳐보면 아래 그림과 같습니다. 만약 골반 높낮이가 변하지 않은 체로 팔다리만 움직인다면 마치 허공에서 누군가가 위에서 줄로 조종하는 인형놀이처럼 보일 것입니다. 초심자들이 자주 하는 실수입니다.

걷기 동작에서 1번과 3번 프레임은 실루엣으로 보면 같은 동작입니다. 앞으로 내민 팔과 다리가 반대일 뿐이죠. 그래서 1번 프레임을 그린 후 몸통을 기준으로 가려지는 팔과 다리만 반대로 바꿔주면 3번 프레임을 쉽게 만들 수 있습니다. 차렷 자세인 2번과 4번 프레임 역시 같은 동작입니다. 1번과 3번 프레임을 그릴 때 주의할 점은 원근감을 표현하는 것입니다. 몸통보다 뒤에 있는 팔과 다리는 몸통보다 앞에 있는 팔과 다리보다 한 단계 어둡게 표현해야 합니다.

TIP 오른쪽을 바라보고 있는 동작들은 따로 그릴 필요가 없습니다. 프로그래밍 단계에서 좌우 반전하여 사용할 수 있기 때문입니다.

걷기 동작의 앞모습과 뒷모습도 비슷합니다. 앞모습의 경우 앞으로 내민 팔은 몸통의 일부를 가리게 됩니다. 몸통보다 뒤에 있는 팔과 다리는 한 단계 어둡습니다. 뒷모습은 그 반대로 표현합니다.

▶ 걷기 동작 앞모습

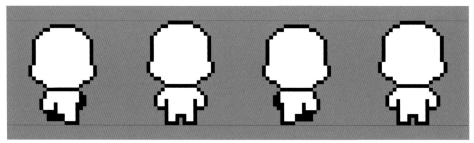

▶ 걷기 동작 뒷모습

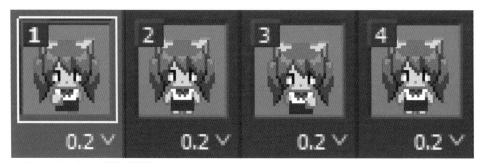

▶ 앞으로 걷는 애니메이션을 완성한 모습

동작이 완성되면 캐릭터에 옷을 입혀줍니다. 배경을 투명하게 바꾸고, 지금까지 만든 캐릭터의 모든 동작을 한 장에 모으면 캐릭터의 스프라이트 시트^{Sprite Sheet}가 됩니다. 이 작업은 포토샵에서 할 수도 있고, 엔진에서 할 수도 있습니다. 각 셀의 크기는 같습니다. 순서대로 애니메이션을 재생했을 때 위치가 어긋나지 않도록 간격을 잘 맞춰야 합니다.

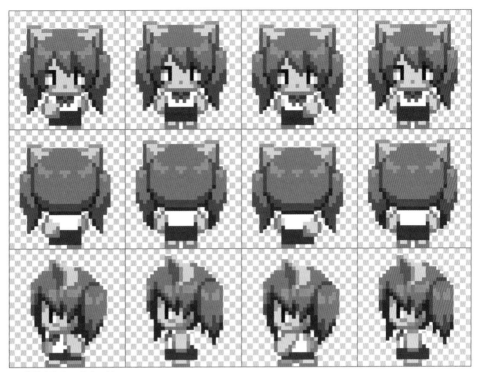

▶ 캐릭터의 스프라이드 시트

이때 여백 없이 정확히 자르는 것보다 여백을 포함하더라도 같은 크기(연속된 동작 중 가장 큰 이미지를 기준으로)로 맞추는 게 좋습니다. 게임에서 애니메이션을 만들 때 크기가 같으면 바로 이미지를 1:1 교체할 수 있지만 크기가 다르면 직접 좌표를 맞춰주는 수고가 필요하기 때문입니다. 이때 좌표의 기준은 땅입니다.

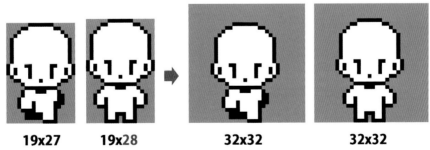

▶ 이미지의 크기가 같도록 만들어야 합니다.

포토샵에서 스프라이트 시트 만드는 방법

스프라이트 시트(sprite sheet)는 다음처럼 2D애니메이션의 모든 동작을 한 장의 이미지에 담은 것입니다.

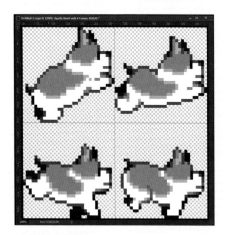

이 작업은 엔진에서 할 수도 있지만, 간혹 디자이너에게 한 장에 합쳐서 달라고 요청하기도 합니다. 연속으로 재생할 수 있도록 각 동작을 n×n 행렬에 같은 간격으로 배치하면 됩니다. 이 작업은 애니메이션의 모든 동작이 다 들어갈 수 있을만한 크기의 새 캔버스를 만든 뒤 각 동작을 일정한 간격대로 직접 배치해서 만들 수도 있고, 포토샵 스프라이트 시트 크리에이터를 다운로드받아 자동으로 만들 수도 있습니다. 여기서는 스프라이트 시트 크리에이터를 이용하는 방법을 알아보겠습니다.

1. 먼저 웹에서 포토샵 스프라이트 시트 크리에이터(Sprite-Sheet-Creator-v2.jsx)를 다운로드받습니다.

https://www.advena.me/photoshop-illustrator-sprite-sheet-creator/#page-content

2. 포토샵에서 File(파일) → Scripts(스트립트) → Load Files into Stack(스택으로 파일 불러오기)을 선택합니다.

3. Browse(찾아보기) 버튼을 눌러서 스프라이트 시트로 만들고 싶은 *.png 리소스를 모두 등록한 뒤 OK(확인)를 누릅니다.

4. 잠시 기다리면 모든 동작이 각각의 레이어로 차곡차곡 쌓인 파일이 하나 생깁니다.

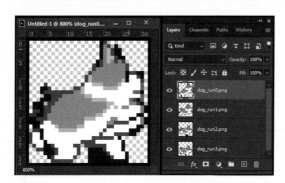

5. 이제 이것을 넓게 펼칠 차례입니다. File(파일) → Scripts(스크립트) → Browse(찾아보기)를 선택하고 앞서 다운로드받았던 스프라이트 시트 크리에이터를 실행합니다.

6. 선택한 프레임(여기서는 4개)을 몇 행으로 펼칠지 정합니다.

7. 완성된 스프라이트 시트를 *.png로 저장합니다.

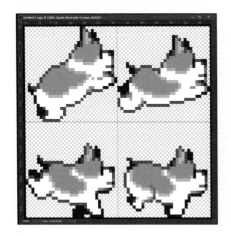

4.2.3 무기 공격

여기서는 검으로 베는 애니메이션을 만드는 방법을 알아보겠습니다. 검으로 베는 동작은 내려치는 동작과 올려치는 동작으로 구분할 수 있습니다. 물론 찌르는 동작, 수평 베기, 휘두르는 동작 등 수많은 동작이 있지만 여기서는 이 두 가지만 알아봅니다.

검으로 내려치기

먼저 검으로 베는 애니메이션을 만드는 방법을 알아보겠습니다. 가장 쉬운 방법은 검을 든 손만 따로 떼서 팔만 움직이는 애니메이션을 만드는 것입니다(왼쪽 그림). 하지만 동작이 작으면 타격감을 높이기 힘듭니다. 캐릭터가 작아도 동작은 크게 만들 수 있습니다(오른쪽 그림).

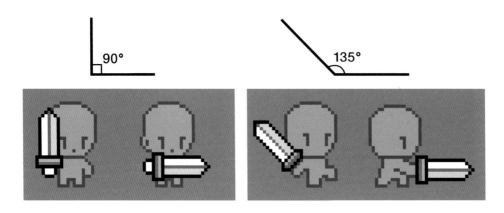

01 검이 회전하는 각도를 135°로 넓게 합니다. 그러려면 준비 자세에서 팔을 좀 더 뒤로 빼야 하겠네요.

02 이 캐릭터는 한 손으로 무거운 검을 들고 있습니다. 몸의 균형을 잡기 위해 캐릭터의 등이 살짝 뒤로 가게 합니다.

03 무거운 검을 들고 있다가 힘껏 내리치면 몸이 앞으로 기울어지면서 무게중심도 이동합니다. 검을 내리칠 때는 준비 동작에서 들고 있었던 한쪽 발을 땅에 내딛는 것으로 동작에 체중이 실립니다.

04 마지막 프레임의 재생 시간을 약간 길게 하는 것만으로도 애니메이션의 느낌을 살릴 수 있습니다. 바로 다음 동작을 시작할 수 없을 만큼 온힘을 다해 힘껏 휘둘렀다는 표시니까요.

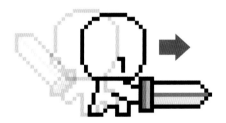

프레임이 2개라 중간에 끊어져 보이는 동작은 검이 지나간 궤적을 따라 검기 이펙트를 그려서 보완할 수 있습니다. 검기를 어떻게 그려야 할지 짐작되지요? 겨우 2프레임에 불과하지만 검으로 베는 동작 하나에도 이처럼 많은 원리가 담겨 있습니다.

검으로 올려치기

이번에는 검으로 올려치는 애니메이션을 만드는 방법을 알아보겠습니다. 여기서 동작을 크게 만들려면 어떻게 해야 할까요? 일단 허리를 돌린 뒤 상체를 크게 회전시키면 됩니다. 근데 상체를 돌렸는데 고개가 그대로 있으면 그것도 좀 이상하죠? 상체가 돌아갈 때 머리도 함께 돌아갑니다. 다음 그림은 이 과정을 표현한 것입니다.

그런데 상체를 최대한 돌리는 큰 동작을 한 다음 바로 다음 동작을 이어서 할 수 있을까요? 상체를 힘껏 회전시켰던 힘이 아직 남아 있기 때문에 몸은 가던 방향대로 계속 가려 해서 일정 시간동안 못 움직입니다. 그러므로 마지막 프레임의 재생 시간을 다른 프레임보다 약간 길게 해주는 것으로 캐릭터가 온 힘을 다해 검을 휘둘렀다는 것을 표현할 수 있습니다.

실제로 뭔가 휘두르는 동작을 취해보면 팔뿐만 아니라 몸 전체가 시간차를 두고 따라 움직인다는 걸 깨닫게 됩니다. 캐릭터가 작기 때문에 몇 픽셀만 이동시켜도 그런 특징을 쉽게 표현할 수 있습니다.

4.2.4 연속 공격

검으로 올려 베기 → 수평 베기 → 내려 베기의 연속 공격 애니메이션을 만들어보세요. 콤보 동작은 애니메이션이 끝난 후 이전 애니메이션의 마지막 동작이 다음 애니메이션의 첫 동작이 됩니다. 각각의 동작을 3~4프레임 정도로 직접 만들어보세요.

4.2.5 맨손 공격

액션을 표현하려면 팔과 다리가 긴 캐릭터가 필요해서 새로운 캐릭터를 데려왔습니다. 이 소녀는 초등학교 교과서의 영원한 여주인공인 영희입니다. 온갖 이상한 시험 문제로 매번 죽어가는 남주인공 철수를 구하기 위해 책상을 박차고 교실 밖으로 달려 나가는 열혈 캐릭터입니다.

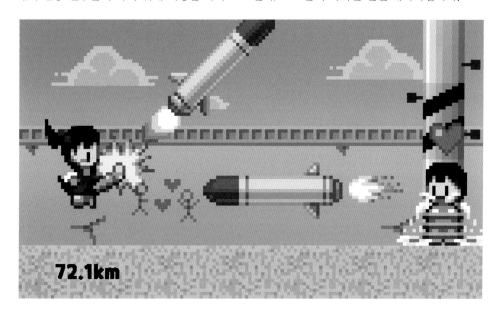

사전 준비 동작

자세부터 범상치 않은 이 소녀는 다음에 어떤 동작을 할까요?

이 동작은 다음에 이어질 공격을 미리 예고하는 준비 과정입니다. 실제로 공격을 하기 전에 준비 동작을 크게 할수록 에너지가 커지면서 다음에 하게 될 동작이 더 강하게 보입니다. 모든 동작에는 무게가 있습니다. 캐릭터의 동작을 구상할 때 이런 부분도 미리 생각해둬야 합니다.

공격 동작

아, 역시 방금 전 동작은 영희가 주먹을 앞으로 지르기 전에 에너지를 비축하는 과정이었군요! 드디어 영희가 주먹으로 앞지르기를 했습니다.

주먹을 지르는 공격은 간단하게 하면 다음과 같이 2프레임으로 표현할 수 있습니다.

하지만 한 손으로만 공격하진 않죠? 이어서 공격하려면 어떻게 해야 할까요? 준비 자세로 되돌아온 후 반대편 팔로 앞지르기 하면 되겠군요.

앞서 말했듯이 타격감을 살리기 위해 캐릭터는 작아도 동작은 커야 합니다. 동작을 크게 하려면 팔만 번갈아가며 앞으로 지르는 게 아니라 상체가 같이 돌아가야 합니다. 그러므로 주먹을 앞으로 지를 때마다 영희의 옆모습만 보이는 게 아니라 배와 등도 번갈아가며 보이게 됩니다.

4.2.6 발차기

때때로 날렵하게 발차기도 날릴 줄 아는 영희는 어떻게 만들면 될까요?

사전 준비 동작

다음 동작은 이어질 공격을 미리 예고하는 준비 과정입니다. 준비 동작을 마친 후 영희는 어떤 공격을 할까요?

공격 동작

방금 전 동작은 영희가 날아 차기를 하기 전에 에너지를 비축하는 과정이었군요! 드디어 영희가 날아 차기를 했습니다.

프레임이 적을 때 사전 준비 동작과 공격 동작은 그 차이가 클수록 좋습니다. 땅에 있던 두 다리를 동시에 공중으로 띄우는 '날아 차기'가 제격입니다. 발차기 공격은 2프레임으로도 가능합니다.

그런데 사람은 팔꿈치와 무릎에 관절이 있습니다. 발차기는 무릎을 접었다가 펴면 힘이 더욱 실리는 동작입니다. 그러므로 무릎을 접고 있는 중간 동작이 필요합니다. 이때 팔은 어떻게 해야 할까요? 몸을 움츠렸다가 날아 차기를 할 때 팔을 쭉 펴면 동작이 커질 것입니다.

이렇게 3프레임으로도 발차기를 표현할 수 있습니다. 여러분도 각자 포즈를 취해보면서 공격 동작을 직접 구상해보세요.

4.3 참고 자료에서 요령 배우기

다른 사람들이 만든 움직이는 이미지(*.gif)를 보면서 '저건 어떻게 만들어진 것일까?' 궁금할 때가 있습니다. 그럴 땐 *.gif 파일을 다운로드받으세요. 포토샵에서 불러와서 타임라인 창을 띄우면 각 프레임 단위로 볼 수 있습니다. 총 몇 프레임인지, 프레임에서 프레임으로 넘어갈 때 모양이 어떻게 바뀌는지 등을 주의 깊게 살펴보면서 애니메이션 요령을 배울 수 있습니다.

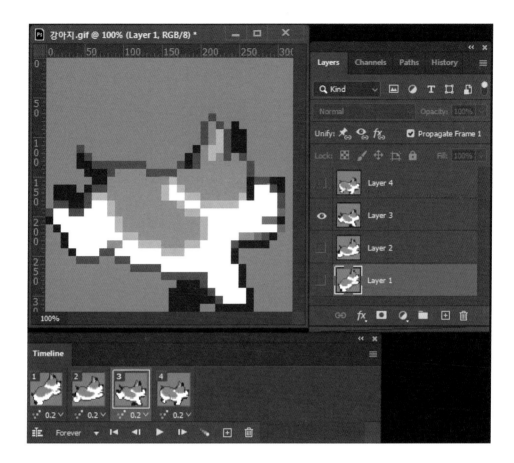

4.4 요점 정리

- 늘어남과 찌그러짐을 잘 표현하면 애니메이션에서 유쾌한 느낌을 줄 수 있습니다.

- 닉하히거나 점프하는 애니메이션은 등속이 아닙니다.

- 타격감을 살리려면 캐릭터는 작아도 동작은 크게 해야 합니다.

- 실제 동작을 하기 전에 반드시 준비 동작이 있습니다.

- 사람이 움직일 때는 특정 부위만 따로 움직이지는 않습니다.

- 어떤 동작이라도 몸 전체가 시간차를 두고 순서대로 조금씩 영향을 받습니다.

- 검기 이펙트는 검이 지나간 궤적을 따라 그리는 이펙트입니다.

이 장에서는 여러 가지 애니메이션을 살펴봤습니다. 사실 애니메이션은 쉬운 게 아닙니다. 물리 법칙이나 사람의 움직임 등 머릿속으로 많은 것을 생각하고 그것을 그림으로 표현해야 하니까요. 캐릭터 애니메이션은 실제 사람의 동작을 참고하는 것이 가장 좋습니다. 참고 자료를 구하기 어려울 땐 친구나 지인에게 포즈를 부탁하세요!

이펙트

이펙트는 게임에서 캐릭터에 일어나는 어떤 상황이나 환경을 보여주는 역할을 합니다. 이펙트를 만드는 방법은 여러 가지가 있지만 이 책에서는 각각의 프레임을 직접 그려서 순차적으로 재생시키는 애니메이션 방식으로 만들 것입니다. 지금부터 어떤 형태로 만들 것인지, 어떻게 움직일 것인지, 또 어떤 색을 사용할 것인지 등을 고민하면서 이펙트를 만들어봅시다.

5.1 펑 터지는 이펙트

이펙트를 만들기 위해서는 먼저 어떤 형태의 이펙트가 어울리는지 구상을 하고 그에 따라 실루엣을 제작한 뒤 색상을 입히면 됩니다.

5.1.1 이펙트 구상하기

순간적으로 펑 터지는 연기 형태의 도트 이펙트를 만들고 싶습니다. 둥글둥글한 형태(실루엣)의 흰색(색상)이 좋을 것 같습니다. 그렇다면 이펙트가 어떻게 나타나고, 움직이고, 사라지게 해야 할까요?

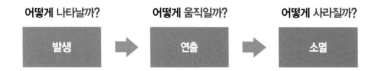

1 아무 것도 없던 곳에 흰색의 작은 연기가 나타나고(발생)

2 그 연기가 점점 커지다가(연출 1)

3 더 이상 커질 수 없게 되었을 때 펑 터지더니(연출 2)

4 점점 작아지면서 마침내 사라집니다(소멸)

지금부터 이런 흐름을 가진 4프레임짜리 '펑 터지는 이펙트'를 만들어보겠습니다.

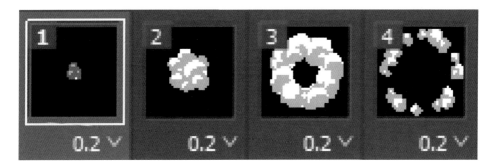

5.1.2 실루엣 제작

64×64의 새 캔버스를 만들고, 배경을 검정색으로 채워주세요. 그리고 이번엔 흰색으로 그릴 것이니 전경색을 흰색으로 바꿔주세요. 원을 그리는 가장 쉬운 방법은 연필 크기를 키우는 것입니다.

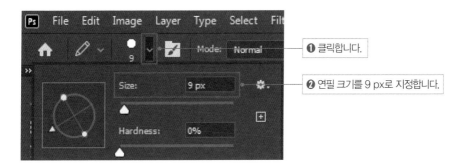

1번 프레임

새 레이어를 만들고, 한가운데에 9픽셀의 흰색 점을 하나 찍습니다.

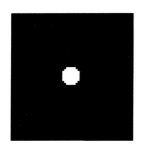

2번 프레임

새 레이어를 만들고, 한가운데에 25픽셀의 흰색 점을 하나 찍습니다.

3번 프레임

이번에는 도넛 모양을 만들 것입니다. 새 레이어를 만들고, 한가운데에 50픽셀의 흰색 점을 찍습니다. 전경색을 검정색으로 바꾸고, 같은 레이어에 20픽셀의 검정색 점을 찍어 덧칠합니다.  자동 선택 도구(Magic wand Tool)로 가운데에 있는 검정색 원을 선택한 다음 Delete 키를 눌러 구멍을 냅니다. Ctrl + D 를 눌러 선택 영역을 해제합니다.

4번 프레임

4번 프레임은 3번 프레임과 제작 방법이 비슷합니다. 한가운데에 60픽셀의 흰색 점을 찍고, 같은 레이어에 45픽셀의 검정색 점을 찍어 덧칠합니다. 자동 선택 도구(Magic wand Tool)로 가운데에 있는 검정색 원을 선택한 다음 Delete 키를 눌러 구멍을 냅니다. Ctrl + D 를 눌러 선택 영역 해제합니다.

지우개로 다음과 같이 지웁니다.

지금까지 작업한 애니메이션을 한 번 재생시켜보세요. 어떤 느낌인지 알겠지요?

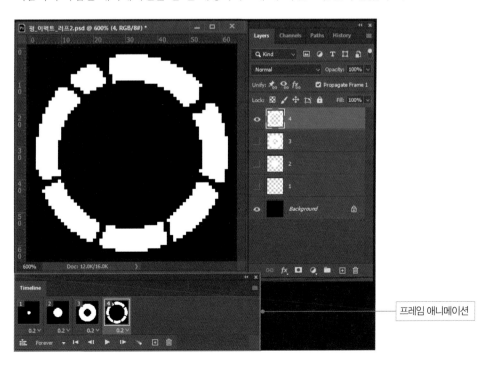

프레임 애니메이션

이해를 돕기 위해 이펙트의 모든 프레임을 펼쳐보면 다음과 같습니다.

5.1.3 디테일 다듬기

러프 스케치는 했으니 이제 모양을 좀 더 다듬어봅시다.

1번 프레임

1번 프레임은 이펙트가 처음 발생했을 때입니다. 전체 프레임 중에서 가장 작지만 그래도 솜을 꽉 뭉쳤을 때의 느낌이 나도록 흰색 점을 몇 개 더 겹쳐 찍으세요.

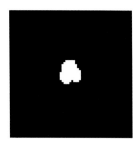

2번 프레임

2번 프레임은 1번 프레임에서 생성된 이펙트가 확장된 모습입니다. 솜뭉치가 좀 더 커진 느낌이 나도록 흰색 점을 좀 더 많이 겹쳐 찍으세요.

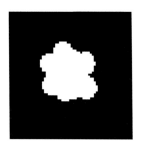

3번 프레임

3번 프레임은 이펙트가 최대 크기로 확장되었을 때입니다. 이 이펙트는 다음 프레임에서 완전히 소멸해야 합니다. 마지막 프레임과 이어지는 연출을 위해 가운데에 구멍을 냈습니다. 연필 크기를 바꿔가며 안팎으로 동글동글하게 만들어보세요.

4번 프레임

4번 프레임은 연기가 흩어지면서 사라질 때입니다. 바깥쪽을 향해 마치 솜뭉치를 마구 뜯어놓은 것처럼 만들어보세요. 간격이 넓어지도록 지우개로 지웁니다.

이해를 돕기 위해 이펙트의 모든 프레임을 펼쳐보면 다음과 같습니다.

5.1.4 색상 넣기

마지막으로 모든 프레임에 색을 넣어 봅시다. 구름 느낌으로 그리면 됩니다. 이때 사용된 색상은 다음과 같습니다.

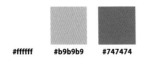

같은 이미지라도 어두운 색을 사용하면 좀 더 작아 보이고, 밝은 색을 사용하면 좀 더 커 보입니다. 전체 프레임 중에서 가장 작아 보여야 하는 1번 프레임은 어두운 회색의 비중을 높이고, 이펙트가 가장 크게 보여야 하는 3번 프레임은 흰색의 비중을 최대로 높입니다.

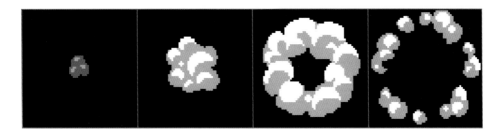

지금까지 만든 4프레임의 이펙트를 이미지 한 장에 모아보세요. 정사각형을 같은 간격으로 나눠서 각각의 프레임을 정리하고, 투명한 배경의 *.png로 저장하면 게임에서 사용할 수 있는 이펙트 리소스가 됩니다.

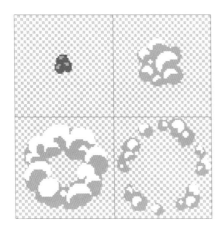

5.1.5 색으로 이펙트 강약 주기

다음은 가운데를 기준으로 점점 커지다가 작게 쪼개지면서 바깥으로 사라지는 흐름을 가진 이펙트입니다. 총 6단계의 색상을 사용했으며, 확장할 때는 밝은 색 위주로, 축소할 때는 어두운 색 위주로 선택했습니다. 이렇게 색상으로 강약을 조절할 수 있습니다. 중간에 밝기가 변하는 이펙트는 이렇게 만들어집니다.

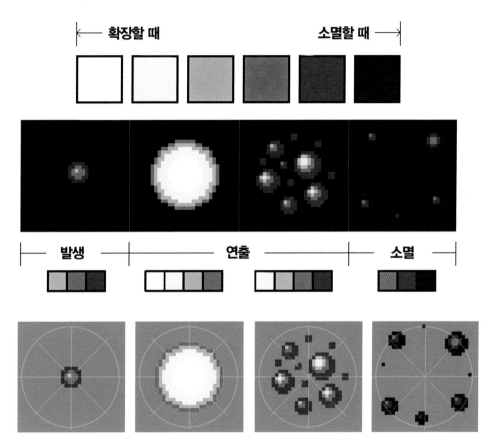

5.2 이글이글 불꽃 이펙트

이번에는 다음과 같은 불꽃 이펙트를 만들어보겠습니다. 여기서 잠시 촛불을 떠올려보세요. 바람이 불면 촛불은 어떻게 일렁일까요?

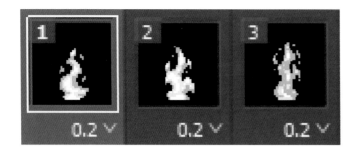

01 먼저 물방울 모양의 불꽃 기본형을 만듭니다.

02 불꽃은 좌우로 일렁입니다. 양 옆을 둥글게 파서 불꽃이 좌우로 일렁이는 모양을 만들어주세요.

03 이번엔 바람이 아래쪽에서 위쪽으로 불어옵니다. 바람 때문에 위아래로도 일렁이게 됩니다. 그래서 첫 번째 프레임에서는 불꽃의 아래쪽이 둥글게 파입니다. 두 번째 프레임에서는 바람이 밑에서 위로 밀어 올리는 힘 때문에 그보다 위쪽이 둥글게 파이고, 세 번째 프레임에서는 좀 더 위쪽이 둥글게 파일 것입니다.

04 불꽃 주변에 타닥타닥 튀는 재를 표현하면 좀 더 사실적으로 보이겠죠?

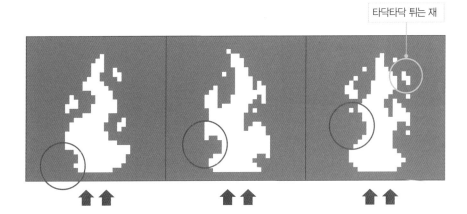

타닥타닥 튀는 재

05 불꽃은 이러한 3개의 프레임이 무한 반복되는 애니메이션입니다. 시작과 끝이 자연스럽게 이어지는 것을 확인했다면 이펙트에 색을 넣습니다.

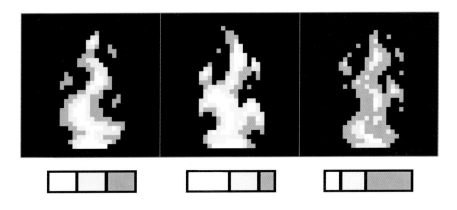

불꽃 이펙트 전체에서 모두 같은 색을 사용하지만 프레임마다 가장 많이 사용된 색상은 다릅니다. 이렇게 같은 팔레트를 사용하더라도 비율에 따라 강약을 줄 수 있습니다.

5.3 이펙트에 원색을 사용하는 이유

이펙트는 주로 색상 피커(Color Picker)에서 오른쪽 위에 있는 선명한 원색을 사용합니다. 이 색들은 게임에서 가장 눈에 가장 잘 띄는 색이기도 합니다. 붉은 계열의 이펙트는 주로 따뜻하고 긍정적인 느낌을, 푸른 계열의 이펙트는 주로 차갑고 부정적인 느낌을 줍니다.

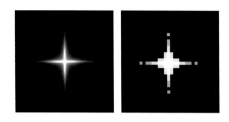

옛날 게임에서 이펙트 색을 이렇게 사용하게 된 이유는 지금과 달리 이미지에서 반투명을 표현할 수 없었기 때문입니다. 그 대신 잔상이 필요할 때 '흰색-노랑-주황'이나 '흰색-하늘-파랑'처럼 원색으로 이루어진 색상 단계를 만들어서 사용했습니다. 그것이 지금도 도트게임에서 검기 이펙트를 이런 느낌으로 그리게 된 이유입니다. 빛을 표현하는 것이기 때문에 입체감은 표현하지 않습니다.

5.4 요점 정리

이펙트는 '발생-연출-소멸'의 흐름을 가진 일종의 애니메이션입니다. 따라서 프레임과 프레임 사이에 다음과 같은 변화가 필요합니다.

1 위치 변화

2 회전 또는 크기 변화

3 색상 변화

4 뭉치거나 흩어지는 변화

5 나타나거나 사라지는 변화 등등

게임에 필요한 이펙트를 마음껏 상상하고 그리길 바랍니다. 이펙트는 무궁무진합니다.

배경

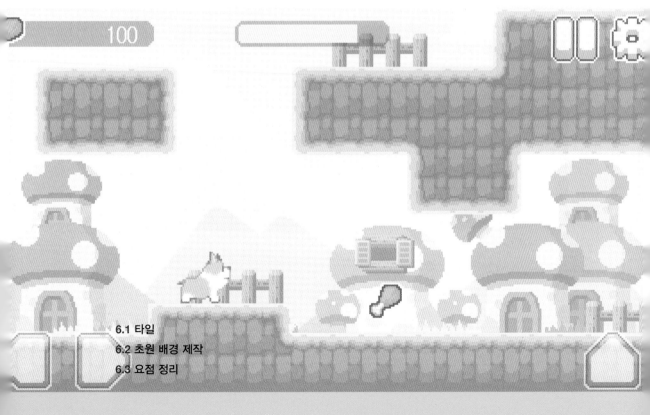

이 장에서는 여러 재질에 대한 타일세트를 만들고 이를 조합하여 게임의 배경을 만들겠습니다. 먼저 타일세트를 만들어봅시다.

6.1 타일

타일^{tile}의 사전적 의미는 반복되어 사용되는 작은 패턴입니다. 게임에서는 리소스를 제작할 때 되도록 재사용을 고려하는데, 특히 배경의 경우 리소스를 재사용할 수 없다면 스테이지가 많아 질수록 늘어나는 용량을 감당할 수 없게 됩니다. 그래서 게임에서는 작은 조각들을 만들고 이 조각들을 반복해서 사용하는데, 이 조각을 타일이라고 합니다.

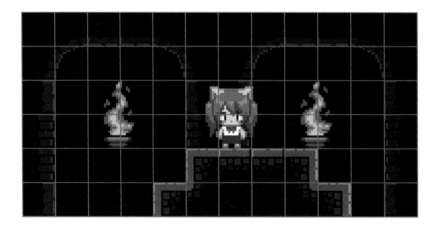

타일 크기는 게임마다 조금씩 다르지만 여기서는 16×16으로 정하겠습니다. '격자 1개 = 타일 1개'입니다. 옆에 올 수 있는 타일이 다양하므로 조합을 고려하여 타일을 디자인해야 합니다.

이 절에서는 벽돌, 풀, 흙, 물, 돌 등의 기본 타일을 하나하나 만들어볼 것입니다. 그 전에 기본 타일을 만들고 반복 적용해서 제대로 만들었는지 확인하는 방법을 알아보겠습니다.

6.1.1 기본 타일 만들고 확인하기

여기서는 16×16 크기의 기본 타일을 만들고 48×48 크기의 캔버스에서 반복하여 제대로 만들어졌는지 확인해보겠습니다.

01 패턴 확인용 48×48의 새 캔버스를 만들고 '기본타일_테스트.psd'로 저장합니다. 이는 타일을 반복했을 때 뭉치거나 어색한 부분이 있는지 확인하기 위한 목적입니다. 포토샵의 스마트 오브젝트 기능을 활용하면 타일을 수정할 때마다 다시 붙여 넣지 않아도 됩니다. 16×16 타일이므로 그리드 간격을 16픽셀로 바꿔주세요.

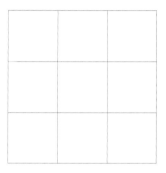

02 새 레이어를 만들고, 레이어 이름을 '기본타일'로 변경합니다. 그리고 ▦ 사각형 선택 윤곽 도구로 첫 번째 타일이 들어갈 16×16의 영역을 선택하고 녹색(#208047)을 채워주세요. 색을 채운 후 선택 영역을 해제합니다.

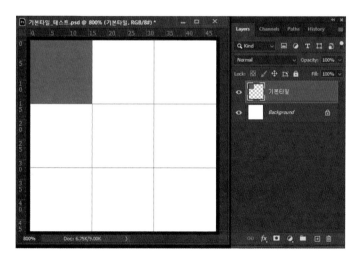

03 '기본타일' 레이어를 선택한 상태에서 마우스 오른쪽 클릭하고 단축 메뉴에서 Convert to Smart Object(고급 개체로 변환)를 선택합니다. 레이어의 썸네일 이미지가 다음과 같이 바뀝니다.

썸네일 이미지가 바뀝니다.

04 '기본타일' 레이어를 8개 복제하고, 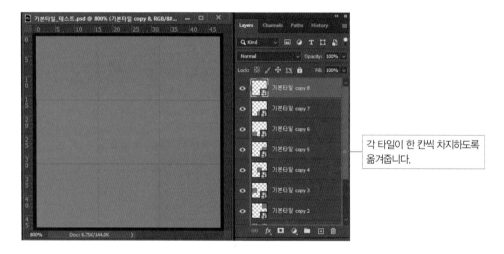 이동 도구(Move Tool)를 활용하여 복제된 타일을 각 타일이 놓일 자리로 모두 옮겨주세요.

각 타일이 한 칸씩 차지하도록 옮겨줍니다.

05 '기본타일' 레이어의 썸네일을 더블 클릭하면 '기본타일.psb'라는 탭이 새로 생깁니다. 작업하기 편하게 탭을 끌어내려 창으로 분리하세요.

06  돋보기 도구(Zoom Tool)를 선택한 뒤 옵션 패널에서 Fit Screen(화면 맞추기)을 클릭합니다. 이제 창을 작업하기 편한 크기로 확대/축소하세요.

클릭합니다.

07 '기본타일.psb'에 연필과 지우개를 사용해서 다음과 같이 벽돌 무늬를 그리세요.

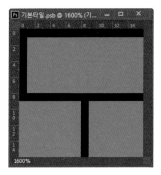

08 Ctrl + S 를 눌러 저장하면 방금 그린 무늬가 '기본타일_테스트.psd' 파일에 반복 적용됩니다.

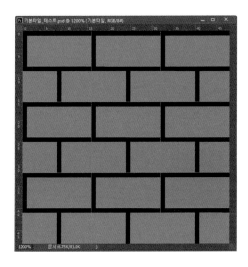

TIP 기본타일을 그렸던 창이 보이지 않을 땐 '기본타일_테스트.psd'로 돌아가서 레이어의 썸네일 중 하나를 더블 클릭하면 다시 '기본타일.psb' 창이 나타납니다.

지금부터 기본 타일을 하나하나 만들어보겠습니다. 먼저 벽돌 기본 타일을 만듭니다.

6.1.2 벽돌 기본 타일

여기서는 벽돌 기본 타일을 만들겠습니다. 가장 먼저 해야 할 일은 벽돌 사진을 구하는 것입니다. textures.com에 가면 벽돌, 흙, 풀 등 사진 자료를 다운로드할 수 있으니 참고하세요. 적당한 사진을 다운로드하고, 사진 속에서 반복해서 쓸 수 있는 작은 패턴을 찾아보세요.

패턴을 찾았습니다.

01 위에서 찾은 패턴으로 다음과 같은 벽돌 기본 타일을 만듭니다.

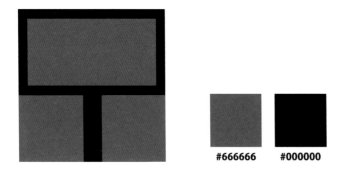

#666666   #000000

패턴 반복

벽돌은 누구나 알고 있는 패턴이라 무척 쉬울 것 같지만 막상 그려보면 왼쪽 그림처럼 선이 뭉치는 일이 벌어지곤 합니다. 타일을 반복해서 붙였을 때 왼쪽 그림처럼 중간에 선이 두꺼워지면 안 됩니다. 패턴을 반복시켰을 때 어색함이 없을 때까지 벽돌을 수정해야 합니다.

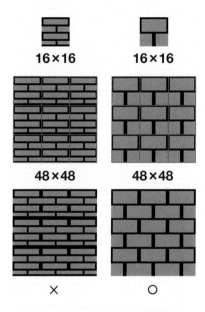

또한 무늬가 너무 작으면 반복 사용했을 때 복잡해질 수 있으니 이런 부분도 고려해야 합니다.

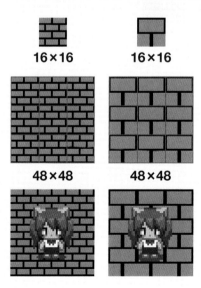

벽돌 무늬가 정해졌으니 이제 명암을 넣을 차례입니다. 그런데 어디가 밝고 어디가 어두울까요?

입체감 표현

평면과 비슷한 블록은 아래 왼쪽 그림과 같이 테두리를 살짝 깎은 듯한 느낌으로 입체감을 표현합니다. 빛이 왼쪽 위에 있으므로 테두리의 절반은 원래 색보다 밝고, 나머지 절반은 원래 색보다 어둡습니다. 테두리를 많이 깎을수록 입체감은 더 커집니다.

02 벽돌 타일의 기본 명암을 다음과 같이 회색으로 표현하세요.

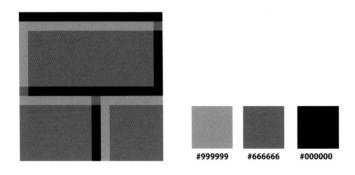

#999999   #666666   #000000

03 타일을 반복시켰을 때 뭉치거나 어색한 문제가 없으니 다음 단계로 넘어가겠습니다.

04 사진을 보면 표면 곳곳에 깨진 면이 있고, 살짝 거친 느낌이 듭니다. 이런 특징을 타일에도 표현해야 하겠군요.

05 먼저 검정색이었던 스케치 선을 짙은 회색으로 바꾸세요. 그리고 흑백으로 차근차근 명암 을 표현하세요.

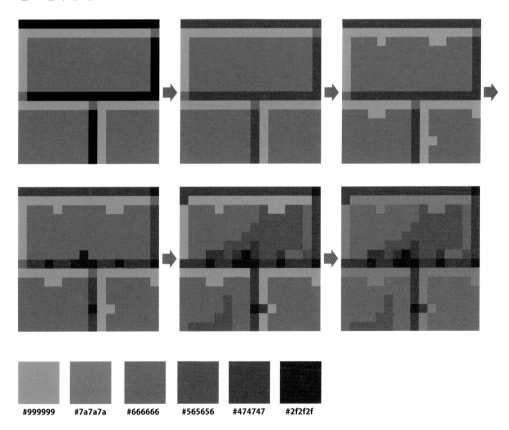

06 16×16의 벽돌 기본 타일이 완성되었습니다.

타일에는 검정색은 쓰지 않습니다. 검정색이 가장 눈에 잘 띄어서 시선이 캐릭터 대신 자꾸 벽돌로 가기 때문입니다. 그러므로 가장 어두운 곳이라도 검정색을 쓰는 건 피하세요. 명암은 상대적인 것이라 검정을 쓰지 않아도 충분히 밝고 어두운 단계를 표현할 수 있습니다.

07 벽돌에 색을 입혔습니다. 회색은 회색인데, 살짝 누런 느낌이 들기도 하고, 살짝 보라색 느낌도 듭니다.

 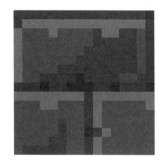

 #888855   #6d6d55   #6d5b55   #774c5d   #56425d

6.1.3 풀 기본 타일

이번에는 16×16 크기의 풀 타일을 만들어보겠습니다. 앞서 저장해두었던 '기본타일_테스트.psd'를 열고, 레이어를 추가해서 무늬를 그리면 됩니다.

01 풀을 어떻게 그려야 할지 감이 잡히지 않을 땐 쉽게 생각하세요. 사진 속 풀을 단순하게 그려 보면 다음과 같은 느낌입니다.

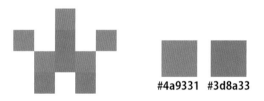

#4a9331 #3d8a33

02 이 무늬를 16×16 타일 안에 일정한 간격으로 배치합니다.

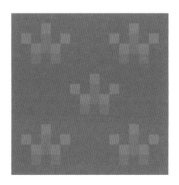

03 타일을 반복시켜보니 군데군데 좀 비어 보입니다.

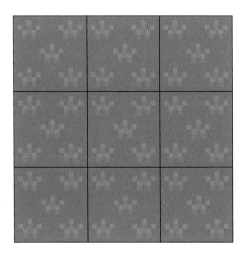

04 풀을 좀 더 촘촘하게 심어보세요. 이렇게 풀 기본 타일이 만들어졌습니다.

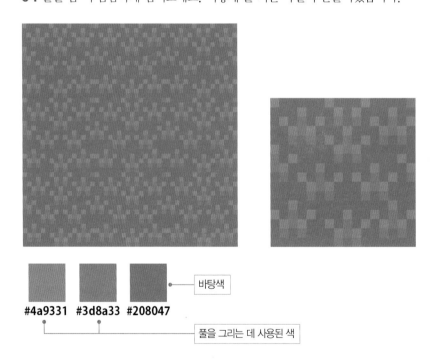

#4a9331　#3d8a33　#208047

바탕색

풀을 그리는 데 사용된 색

05 풀 기본 타일을 '풀.psd'로 저장합니다. 이 타일은 6.2.3절에서 패턴으로 등록할 것입니다.

06 타일 위에 캐릭터를 올려보세요.

07 다음은 같은 바탕색 위에 놓인 같은 무늬의 풀입니다. 무늬에 두 가지 색이 사용되었는데, 색의 차이에 따라 느낌이 달라지는 것을 알 수 있습니다. 작은 무늬가 계속 반복되면 눈이 아프니까 적당히 결만 느낄 수 있도록 비슷한 색으로 은은하게 표현하는 것이 좋습니다.

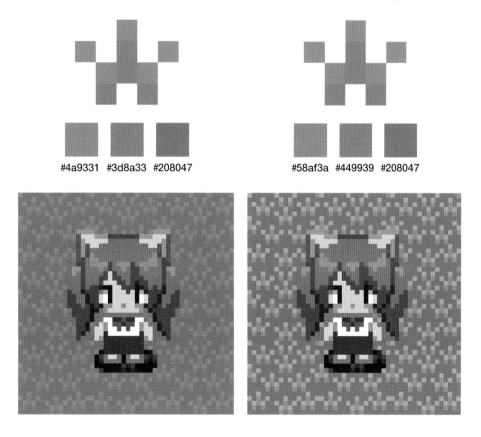

6.1.4 흙 기본 타일

이번에는 16×16 크기의 흙 기본 타일을 만들어보겠습니다. 흙 타일 만드는 방법은 풀 타일을
만드는 방법과 같습니다.

01 먼저 흙의 작은 알갱이를 크기별로 만듭니다.

#ddc27f #c5a963 #ba945a

02 16×16 타일 안에 이 무늬를 적당한 간격으로 배치합니다.

03 48×48의 새 캔버스를 만들고, 위에서 만든 타일을 하나씩 복사하여 붙입니다.

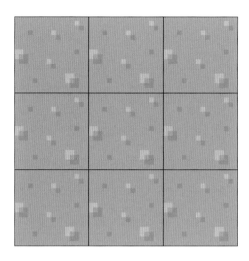

04 흙 기본 타일이 만들어졌습니다.

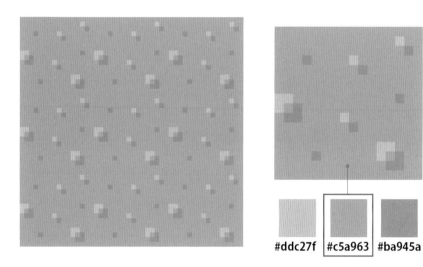

#ddc27f #c5a963 #ba945a

05 흙 기본 타일을 '흙.psd'로 저장합니다. 이 타일은 6.2.3절에서 패턴으로 등록할 것입니다.

06 타일 위에 캐릭터를 올려보세요.

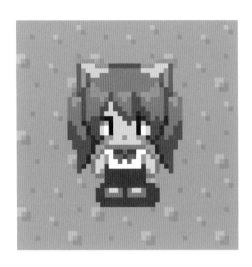

6.1.5 물 기본 타일

타일 기본 무늬는 각자 표현하기 나름입니다. 거친 파도도 있고, 잔잔한 강도 있지만 여기서는
잔잔한 물결을 만들겠습니다.

01 가로 줄 무늬를 그리면서 중간에 살짝 끊어주세요. 흐르는 강물을 보면 가끔 물이 반짝일
때가 있습니다. 줄무늬 한쪽 끝에 밝은 색을 찍어주세요. 반짝임을 표현할 수 있습니다.

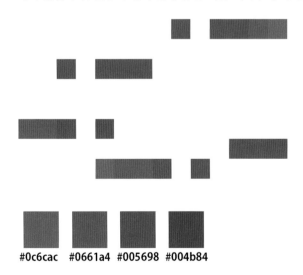

#0c6cac **#0661a4** **#005698** **#004b84**

02 16×16 타일 안에 이 무늬를 적당한 간격으로 배치합니다.

03 48×48의 새 캔버스를 만들고, 위에서 만든 타일을 하나씩 복사하여 붙입니다.

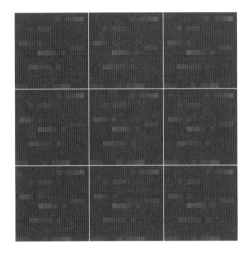

04 물 기본 타일이 만들어졌습니다.

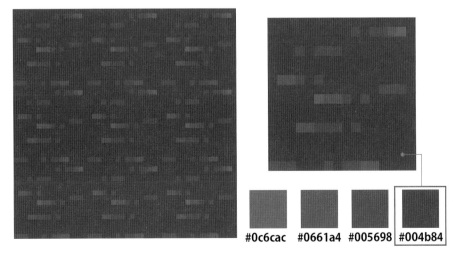

#0c6cac   #0661a4   #005698   #004b84

05 물 기본 타일을 '물.psd'로 저장합니다.

06 타일 위에 캐릭터를 올려보세요.

물의 특징

물 위를 걷는 능력을 가진 캐릭터가 아니라면 몸의 일부가 물속에 잠기는 게 더 자연스럽습니다.

- 물속에 잠긴 하체는 원래 색보다 푸른빛을 띠게 되는데, 쉽게 표현하는 방법은 하체 위에 50% 불투명도의 파란색 레이어를 겹치면 됩니다.
- 몸을 따라 둥글게 물속과 물 밖의 경계를 하늘색 선으로 표현하세요. 이때 물의 반짝임도 표현하면 더욱 좋습니다.

6.1.6 돌 기본 타일

이번에는 16×16 크기의 돌 기본 타일을 제작합니다.

01 처음에는 한 가지 색으로 기본 모양을 만드세요. 그리고 그 모양을 반복시킨다고 생각하세요. 색을 많이 쓰려고 욕심내지 말고 3~4색 정도로 간단하게 표현해보세요.

다음은 완성된 돌 기본 타입입니다.

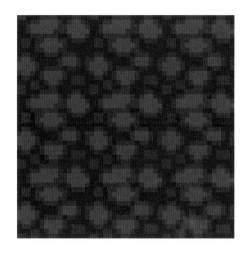
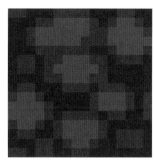

#675d49 #554c3b #433f34

02 돌 기본 타일을 '돌.psd'로 저장합니다.

03 타일 위에 캐릭터를 올려보세요.

같은 타일이더라도 배색을 바꾸면 느낌이 달라집니다. 밝은 타일도 만들어보고, 어두운 타일도
만들어보세요. 간혹 색을 반전시켰을 때 결과가 의외로 마음에 들었던 적도 있었습니다. 타일
색을 이리저리 바꿔보면서 가장 잘 어울리는 배색을 찾길 바랍니다.

#c39753　#be8f52　#b88751

▶ '밝은돌.psd'로 저장합니다.

#7a797d　#848386　#8d8c8d

▶ '어두운돌.psd'로 저장합니다.

지금까지 여러 기본 타일을 만들어봤습니다. 어떤 재질이더라도 제작 방법은 같습니다.

1 기본 무늬를 정하고, 패턴을 만듭니다.

2 상하좌우 대각선 방향까지 반복시켰을 때 어색함이 없는지 확인합니다.

3 배경 위에 캐릭터를 올렸을 때 캐릭터가 배경에 묻히지 않는지 확인합니다.

6.2 초원 배경 제작

지금까지 만들었던 기본 타일을 조합하면 다음과 같은 배경을 만들 수 있습니다. 그런데 타일이 정직하게 네모반듯한 게 너무 옛날 게임 느낌이 납니다.

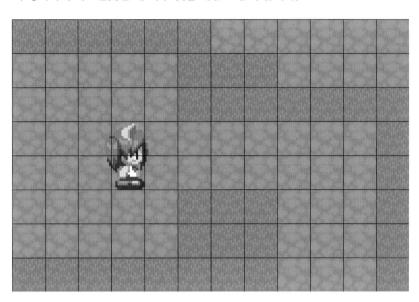

그래서 다음과 같은 초원 배경을 만들겠습니다. 따라오세요!

6.2.1 타일세트의 구성

초원 배경이 복잡해 보이지만 단색으로 간단히 표현하면 다음과 같습니다.

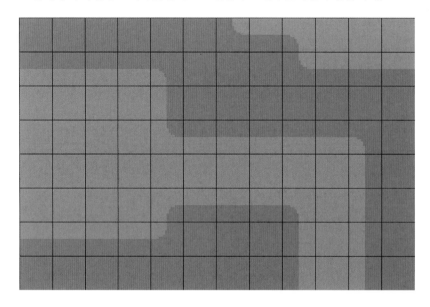

풀과 돌이 절반씩 섞인 타일이 방향별로 있고요.

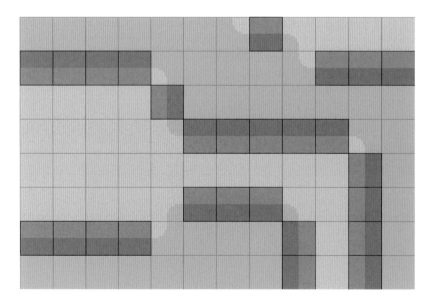

풀과 돌이 1/4 또는 3/4씩 섞인 타일도 방향별로 있습니다.

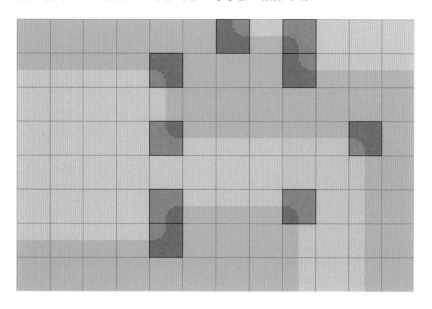

중복되는 타일을 제거하고, 방향별로 보기 좋게 정리하면 타일세트가 됩니다.

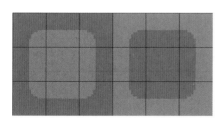

▶ 우리가 만들 타일세트 기본형

위 타일세트를 보면 안팎이 바뀐 타일세트까지 총 2세트가 필요한 것을 알 수 있습니다. 같은 모양이지만 다음처럼 풀과 돌이 반대로 섞인 타일도 필요하기 때문입니다.

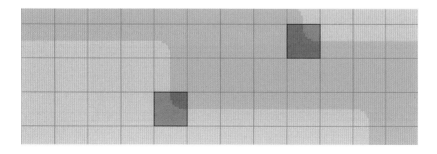

6.2.2 타일세트 기본형 제작

지금부터 16×16 크기의 타일세트 기본형을 만들겠습니다.

01 48×48의 새 캔버스를 만들고, '초원_타일세트.psd'로 저장합니다.

02 새 레이어를 만들고, 녹색(#208047)으로 가득 채웁니다. 그리드 간격은 타일 크기와 동일하게 16으로 맞춰주세요.

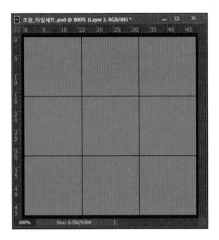

03 새 레이어를 만들고, 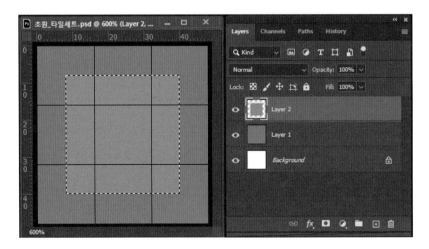 사각형 선택 윤곽 도구로 한가운데를 기준으로 32×32의 선택 영역을 만듭니다. 페인트 통 도구로 황토색(#be8f52)을 채웁니다.

04 지우개로 네 귀퉁이를 둥그스름하게 깎고 선택 영역을 해제합니다. 만들려는 재질의 종류에 따라 좀 더 둥글게 깎아도 되고, 깎지 않고 그대로 둬도 됩니다.

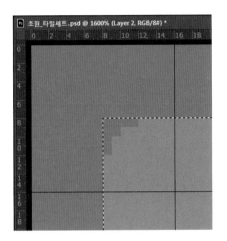
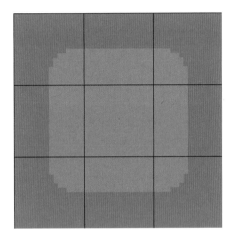

05 이번에는 안팎을 뒤집은 타일세트를 만들 차례입니다. 48×48 타일세트 2개가 가로로 나란히 놓일 수 있도록 메뉴에서 Image(이미지) → Canvas Size(캔버스 크기)를 선택하고 캔버스 크기를 96×48로 늘려주세요. 이때 왼쪽 위를 기준으로 오른쪽만 늘어나야 하므로 Anchor(기준)를 왼쪽 위로 옮겨주세요.

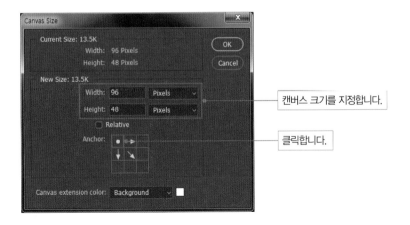

캔버스 크기를 지정합니다.

클릭합니다.

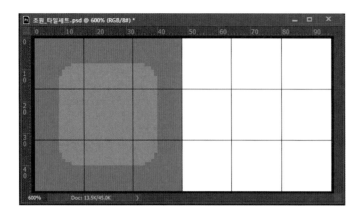

06 Shift 키를 누르고 앞서 만든 레이어 2개를 선택한 다음 레이어를 복제합니다.

❷ 클릭한 뒤 '레이어 복제'를 선택합니다.

❸ 복제되었습니다.

❶ 선택합니다.

07 ✛ 이동 도구(Move Tool)로 복제된 2개의 레이어를 오른쪽으로 이동시킵니다.

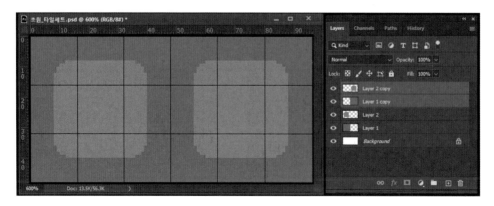

08 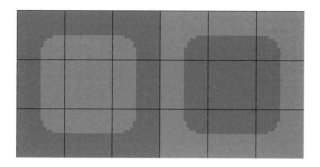 페인트 통 도구와 ▦ 사각형 선택 윤곽 도구를 사용해서 복제된 2개 레이어의 색을 바꿔줍니다. 이렇게 타일세트 기본형이 만들어졌습니다.

09 Shift 키를 누른 상태에서 4개의 레이어를 선택하고 단축 메뉴에서 Merge Layers(레이어 병합)를 선택하여 레이어를 모두 합친 뒤 레이어 이름을 '타일세트'로 변경합니다.

NOTE_ 지금까지 작업한 '초원_타일세트.psd'를 '초원_타일세트-1.psd'로 따로 저장해두세요. 이 파일은 6.2.4절에서 테두리를 다듬을 때 다시 불러와서 사용할 것입니다.

10 ▦ 사각형 선택 윤곽 도구로 그리드 간격(16×16)대로 선택하고, 마우스 오른쪽 클릭한 후 Layer via cut(오린 레이어) 명령으로 16×16의 타일로 각각 분리합니다.

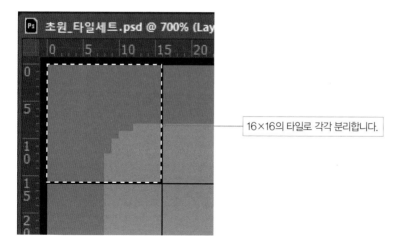

16×16의 타일로 각각 분리합니다.

11 타일 개수만큼(총 18개) 레이어가 만들어질 것입니다.

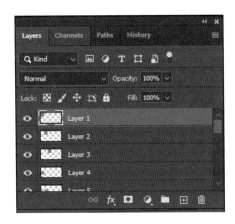

12 새 캔버스를 만들고 타일 조각들을 하나씩 드래그하여 배치해보세요. 이 작업은 타일을 조합했을 때 혹시 모양이 맞지 않아 어긋나는 타일이 없는지 확인하는 목적입니다. 여기서는 192×128로 만들었지만 공간이 부족하다면 캔버스를 늘려도 좋습니다. 다양한 조합을 만들어 보세요. 조합했을 때 어긋나는 타일이 있다면 타일세트를 다시 수정해야 합니다.

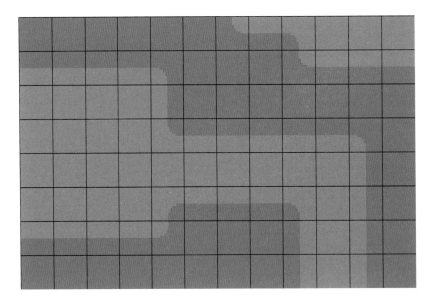

TIP 타일을 배치할 땐 잠시 스냅을 켜세요. 그리드(타일 간격)에 맞게 자석처럼 붙어서 무척 편리합니다. View(보기) → Snap(스냅)을 체크하면 됩니다.

6.2.3 패턴 등록하기

이번에는 타일세트에 재질을 적용하겠습니다.

01 앞서 작업했던 풀 기본 타일(풀.psd)을 불러옵니다. Edit(편집) → Define Pattern(패턴 정의)을 실행하면 다음과 같은 창이 뜹니다. OK를 누르면 풀 타일이 패턴으로 등록됩니다.

02 같은 방법으로 흙, 돌 등의 기본 타일도 패턴으로 등록합니다.

03 등록된 패턴은 ◈ 페인트 통 도구의 옵션 패널에서 선택하여 사용할 수 있습니다. 칠 영역 소스 설정을 Foreground(전경색) 대신 Pattern(패턴)으로 바꾸면 방금 등록한 풀 패턴을 찾을 수 있습니다.

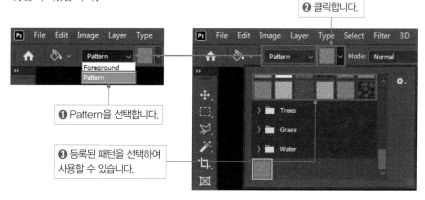

04 등록된 패턴을 한 번 테스트해보겠습니다. ◈ 페인트 통 도구를 사용하여 녹색 대신 풀의 패턴을 채웁니다. 황토색 대신 밝은 돌의 패턴을 채웁니다. 개별 타일로 보면 다음과 같습니다.

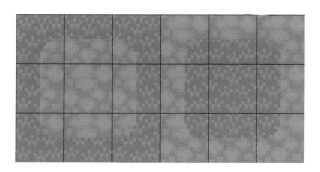

05 풀과 돌의 패턴을 적용한 타일세트를 사용하면 다음과 같은 길이 만들어집니다.

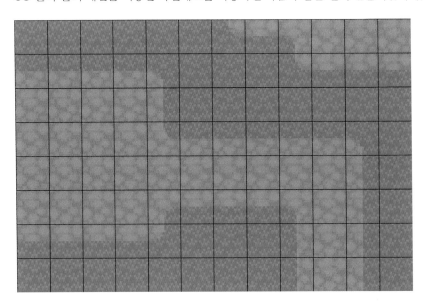

06 지금까지 만든 배경 위에 캐릭터를 올려보세요.

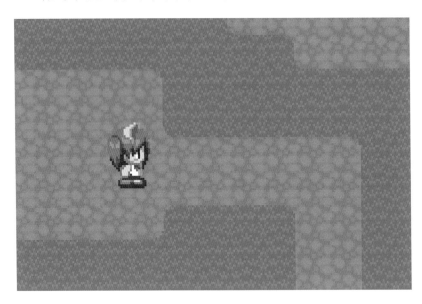

6.2.4 테두리 다듬기

원래 풀은 삐죽삐죽 자라는데, 지금은 풀과 돌의 경계가 마치 칼로 자른 것 같습니다. 경계를 기준으로 삐죽삐죽하게 위아래로 1~2픽셀 정도 변화를 주겠습니다. 이해를 돕기 위해 단색으로 표현하였습니다.

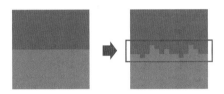

이때 타일을 반복 사용하기 위해 서로 맞닿게 되는 양쪽 끝은 색과 높이를 맞춰야 합니다. 그러므로 양 끝의 픽셀은 그대로 두는 게 좋습니다. 하지만 1px 정도 차이는 괜찮습니다. 대신 다른 방향의 타일과 조합할 때 문제가 없는지 꼭 확인해야 합니다.

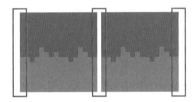

여기서는 다음과 같이 풀을 삐죽삐죽하게 위아래로 1~2픽셀 정도 변화를 주어 수정하겠습니다.

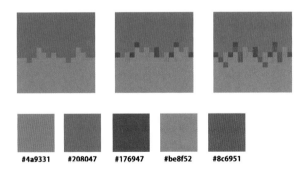

재질을 채운 상태에서 바로 수정해도 좋지만 여러 색이 섞여 있어서 알아보기 조금 어려울 것입니다. 앞서 따로 저장해두었던 단색의 타일세트인 '초원_타일세트-1.psd'를 가져와서 수정하고, 다시 재질을 입히는 게 좀 더 편합니다.

01 우선 타일 1개만 다음과 같이 수정하세요.

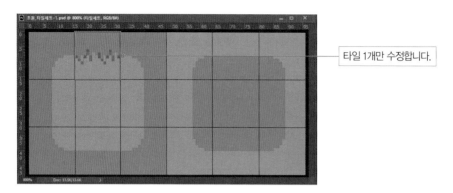

타일 1개만 수정합니다.

02 방금 수정한 타일을 각 방향으로 복사하여 붙여넣기 할 것입니다. 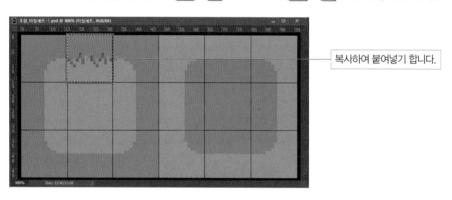 사각형 선택 윤곽 도구로 16×16의 영역을 선택한 뒤 Ctrl + C 로 복사하여 Ctrl + V 로 붙여넣기 합니다.

복사하여 붙여넣기 합니다.

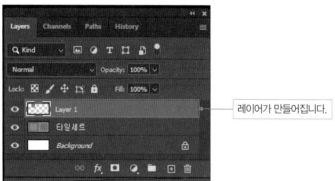

레이어가 만들어집니다.

03 Layer 1에 복사된 타일에 대해 Edit(편집) → Transform(변형) → Rotate 90° Counter Clockwise(시계 반대 방향으로 90° 회전)를 선택하여 반시계 방향으로 90도 회전시킵니다.

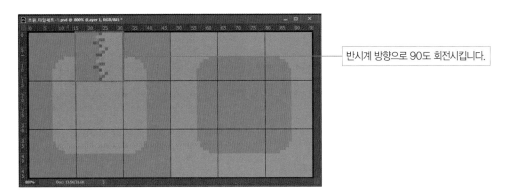

반시계 방향으로 90도 회전시킵니다.

04 🔾 이동 도구(Move Tool)로 방향에 맞는 자리로 타일을 이동시킵니다.

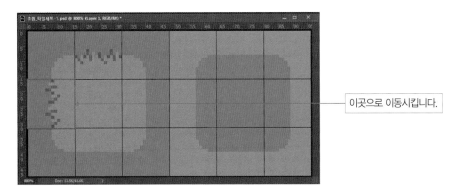

이곳으로 이동시킵니다.

05 네 방향 모두 같은 방법으로 만들면 됩니다.

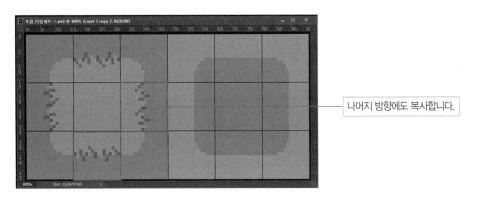

나머지 방향에도 복사합니다.

06 귀퉁이는 앞서 만든 타일 2개를 나란히 겹쳐 놓고, 일부분만 잘라 붙이면 쉽게 만들 수 있습니다.

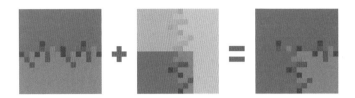

07 지저분한 픽셀들은 살짝 다듬으면 됩니다.

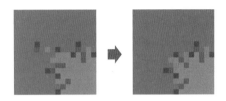

08 귀퉁이를 복사하고, 각각 90°씩 회전시켜서 방향에 맞는 위치로 보냅니다.

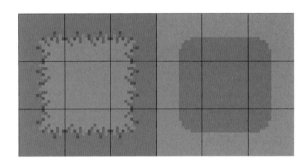

09 오른쪽 타일세트도 같은 방법으로 제작합니다.

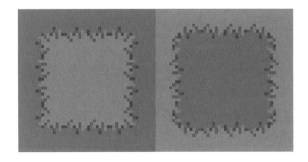

10 이제 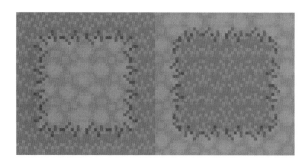 페인트 통 도구의 Pattern(패턴) 기능으로 타일세트에 재질을 입힙니다.

11 경계선을 또렷하게 표현하면 좀 더 입체감이 살아납니다. 이렇게 풀과 돌의 타일세트가 완성되었습니다. 마지막으로 원하는 비율로 확대한 다음 *.png로 리소스를 저장하면 됩니다.

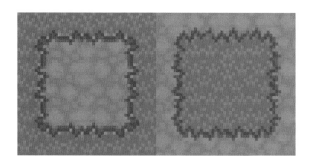

12 타일 기반의 탑뷰^{top view} 게임 배경은 이렇게 만들어집니다.

6.2.5 타일세트 응용하기

어떤 타일세트도 기본 구조는 다음과 같습니다. 이들을 조합하여 배경을 완성하면서 필요한 게 있으면 계속 추가하면 됩니다. 다른 재질을 입히면 또 다른 타일세트가 만들어집니다. 물론 재질에 따라 테두리를 수정해야 합니다. 풀을 표현하기 위해 테두리를 삐죽삐죽하게 다듬었던 것처럼 말이죠.

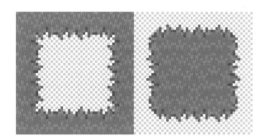

타일세트는 다음과 같이 응용할 수 있습니다.

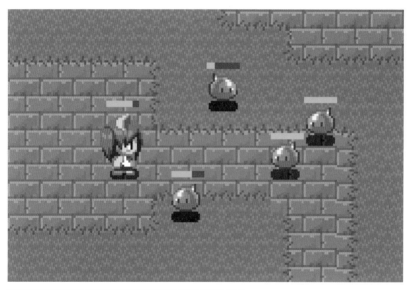

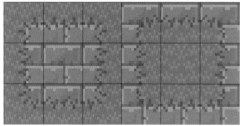

배경 완성하기

1∼6장에서 다룬 모든 내용을 이해했다면 다음 게임의 배경은 여러분 스스로 완성할 수 있을 것입니다. 384×216의 새 캔버스를 만들고, 이 장에서 다뤘던 모든 타일을 배치하여 게임의 배경을 완성하세요.

1 섬 타일세트를 추가하세요.

2 32×32의 나무 오브젝트를 만드세요.

3 16×16의 보물상자 오브젝트를 만드세요.

4 바닥을 꾸미는 '작은 돌맹이 타일'도 추가하세요.

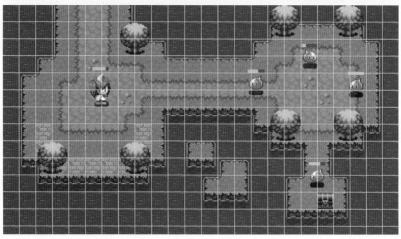

섬 타일에서 물속에 잠긴 부분은 푸른빛을 띱니다. 물의 표현에 주의하세요.

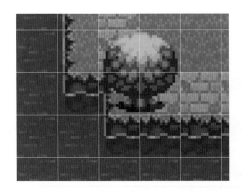

6.3 요점 정리

- 타일은 게임에서 반복 사용하므로 다양한 조합에 따라 서로 맞닿는 부분을 고려해야 합니다. 1픽셀 이상 어긋나면 곤란합니다.
- 조합하다 보면 필요한 타일이 눈에 보입니다. 그때그때 하나씩 추가하면 됩니다. 타일의 특성 상 패턴이 계속 반복되는데, 그게 신경 쓰인다면 약간 변형한 타일(예를 들면 위의 '작은 돌맹이 타일'처럼)을 추가하여 번갈아가며 사용하기도 합니다.
- 타일세트 기본형의 재질을 바꾸면 다른 타일세트를 만들 수 있습니다.
- 배경은 한 세트 잘 만들어두면 색 변환으로 초원을 설원으로 손쉽게 바꿀 수도 있습니다.

플랫포머 게임 만들기(1)

플랫폼은 발판이라는 뜻입니다. 그러므로 플랫포머 게임에서는 발판이 등장하고, 캐릭터가 그 위를 뛰어다닙니다. 우리에게 잘 알려져 있는 플랫포머 게임으로는 슈퍼마리오, 원더보이, 별의 커비 등이 있습니다. 지금부터 간단한 플랫포머 게임을 만들어보겠습니다.

7.1 어떤 게임을 만들까?

우리가 만들 게임은 강아지가 주인공입니다. 맛있는 햄버거를 찾아 모험을 떠나는 강아지 이야기입니다. 스테이지 곳곳에 있는 장애물을 건드리거나 고기를 먹지 못하면 강아지는 굶어죽게 됩니다.

게임을 만드는 데 필요한 리소스는 다음과 같습니다.

- 캐릭터 : 대기, 달리기, 점프, 죽음
- 배경 : 하늘, 구름, 바닥 타일 등
- 오브젝트 : 장애물용 뾰족가시, 뼈다귀, 먹음직스러운 고기, 커다란 햄버거
- 이펙트 : 죽음 이펙트
- UI : 타이틀 UI, 타이틀 배경, 엔딩

다음은 강아지 캐릭터의 대기, 달리기, 점프, 죽음을 표현한 이미지입니다.

▶ 대기(1프레임)

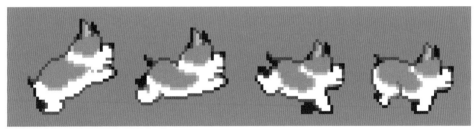

▶ 달리기(4프레임)

▶ 점프(1프레임)

▶ 죽음(1프레임)

애니메이션은 몇 프레임으로 만들까?

처음부터 몇 프레임이라고 정하고 시작하는 것이 아니라 동작이 끊어진다 싶을 때 중간 동작을 하나씩 추가하면 됩니다. 빠르게 움직이는 것처럼 보이게 하고 싶을 땐 프레임과 프레임 사이의 중간 동작을 생략하여 변화를 크게 해도 좋습니다. 본 예제는 총 4프레임으로 제작되었습니다.

실제 게임 플레이 영상은 youtu.be/us19ax-Nbo8에서 확인할 수 있습니다.

7.2 캔버스 크기와 구성 요소 크기 정하기

게임을 만들 때는 우선 캔버스 크기부터 정하고, 각 구성 요소의 대략적인 크기를 미리 정해야 합니다.

7.2.1 캔버스 크기 정하기

캔버스 크기를 정할 때는 최종 해상도를 기준으로 20%나 25% 등 적당한 비율로 축소시킵니다. 예를 들어 1920×1080을 기준으로 한다면 20%로 줄였을 때는 384×216이 되고, 25%로 줄였을 때는 480×270이 됩니다. 여기에 이전 장에서 만든 도트를 캐릭터라고 가정하고 캔버스에 올려보세요. 캔버스가 너무 작으면 게임에 필요한 리소스를 배치할 공간이 부족할 것이고, 너무 크면 허전해보일 것입니다.

다음 그림은 같은 캐릭터를 192×108에 올렸을 때(왼쪽)와 384×216에 올렸을 때(오른쪽)를 비교한 것입니다. 적당한 크기를 찾았나요?

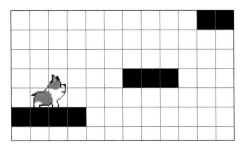
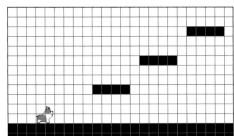

7.2.2 각 구성 요소의 대략적 크기 정하기

각 구성 요소는 그리기 전에 대략적인 크기를 정해야 합니다. 임의로 크기를 변경하면 비율에 따라 도트가 깨질 수 있기 때문입니다. 예를 들어 16×16 크기의 캐릭터(왼쪽)를 좀 더 크게 만들고 싶어서 24×24(오른쪽)로 150% 확대했다고 합시다. 픽셀은 정수 단위입니다. 캐릭터를 150% 확대하면 어떤 픽셀은 2픽셀이 되고, 어떤 픽셀은 그대로 1픽셀로 남아 있습니다. 그러므로 나중에 모든 작업물의 픽셀을 일일이 수정하지 않으려면 처음에 테스트용 캐릭터로 크기를 확정하고 시작하는 것이 좋습니다.

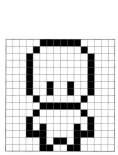 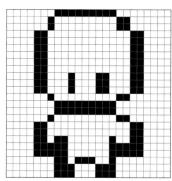

▶ 150%로 확대했더니 이미지가 깨졌습니다.

물론 엔진에서 크기를 보정하는 방법도 있습니다. 하지만 그 비율이 저마다 다르다면 게임에 올렸을 때 어떤 오브젝트는 픽셀이 크고, 어떤 오브젝트는 픽셀이 작아서 어색할 것입니다. 다음 그림에서 강아지와 먹음직스러운 고기의 픽셀은 크지만, 가운데에 있는 뼈다귀의 픽셀은 작습니다.

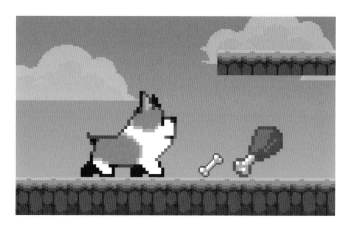

전체적인 통일감을 위해서는 처음에 크기를 정하고 그리는 것이 좋습니다. 해피 코기 게임의 기준은 다음과 같습니다.

- 캐릭터 그기는 32×32 기준
- 타일 크기는 16×16 기준
- 스테이지는 384×216 기준

마지막에 모든 리소스를 500% 확대하여 최종 해상도를 1920×1080으로 만들 것입니다.

7.3 강아지 캐릭터

강아지의 모델을 정하고 참고 자료를 모아봅시다. 이 게임의 모델은 웰시 코기$^{welsh\ corgi}$입니다. 다리가 짧아서 뛰는 모습이 귀여울 거라고 생각했기 때문입니다. 사이드뷰$^{side\ view}$이므로 강아지의 옆모습을 그릴 겁니다.

강아지가 어떻게 생겼는지는 누구나 알고 있습니다. 하지만 막상 그리려면 쉽지 않습니다. 이럴 땐 원, 삼각형, 사각형 등의 기본 도형 조합으로 시작해서 조금씩 모양을 다듬어보세요. 지금부터 강아지를 따라 그려봅니다.

01 '새로 만들기'를 클릭하여 강아지를 그릴 새 캔버스를 만드세요. 캔버스의 크기는 32×32입니다.

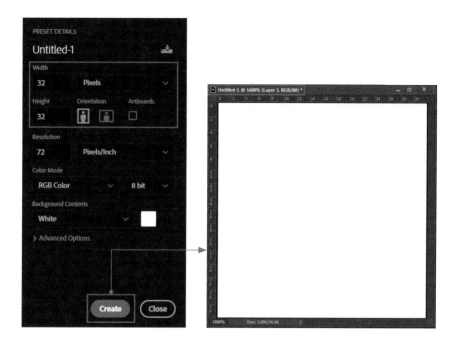

02 파일명은 알아보기 쉽게 '코기_기본형.psd'로 저장합니다.

TIP 작업하면서 수시로 저장하는 습관을 들이는 게 좋습니다.

03 새 레이어를 추가합니다.

새 레이어를 추가합니다.

04  원형 선택 윤곽 도구를 선택합니다.

05 원형 선택 윤곽 도구 옵션 패널에서 Anti-alias(앤티 앨리어스) 체크를 해제합니다.

체크를 해제합니다.

원형 선택 윤곽 도구가 보이지 않습니다. 어디에 있나요?

원형 선택 윤곽 도구가 보이지 않으면 사각형 선택 윤곽 도구를 클릭한 뒤 원형 선택 윤곽 도구를 선택할 수 있습니다.

06 기본 도형을 먼저 그리고 모양을 조금씩 다듬어 나가는 게 그리기 한결 편합니다. 지금부터 강아지 머리를 그릴 것입니다. 원형 선택 윤곽 도구로 17×17의 영역만큼 드래그하여 선택 영역을 만들어주세요. Shift 키를 누르고 드래그하면 완전히 둥근 영역을 선택할 수 있습니다.

TIP 메뉴에서 Window(창) → Info(정보)를 선택하면 Info(정보) 창에서 선택 영역의 크기를 확인할 수 있습니다.

07 메뉴에서 Edit(편집) → Stroke(획)를 선택합니다.

08 다음과 같은 Stroke(획) 창이 나타나면 Width(폭)를 1픽셀로, 선택 영역 안쪽으로 그려질 수 있도록 Location(위치)을 Inside(안쪽)로 설정하고 OK를 누릅니다.

09 선택 영역 안쪽에 선이 그려졌습니다.

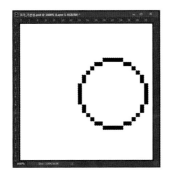

10 Ctrl + D 를 눌러 선택 영역을 해제합니다.

11 같은 방법으로 몸통도 만들어봅시다. ▣ 사각형 선택 윤곽 도구로 22×12 영역만큼 드래그하여 선택 영역을 만들어주세요.

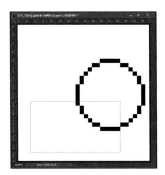

12 메뉴에서 Edit(편집) → Stroke(획)를 선택한 뒤 Stroke(획) 창에서 Width(폭)를 1픽셀로, 선택 영역 안쪽으로 그려질 수 있도록 Location(위치)을 Inside(안쪽)로 설정하고 OK를 누릅니다.

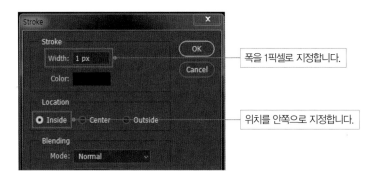

폭을 1픽셀로 지정합니다.

위치를 안쪽으로 지정합니다.

13 선택 영역 안쪽으로 선이 그려졌습니다.

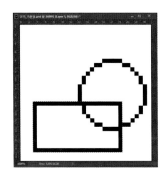

14 Ctrl + D 를 눌러 선택 영역을 해제합니다.

15 같은 방법으로 강아지의 두 다리를 만들어줍니다. 앞발과 뒷발의 크기는 6×3입니다. 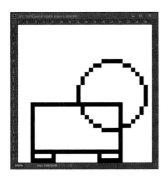 연필 도구로 직접 그리는 것이 더 편할 수 있습니다.

16 강아지의 귀와 꼬리도 그려줍니다. 강아지의 귀와 꼬리는 기본 도형 세모로 표현되겠죠.  연필 도구로 그립니다.

17 겹치는 부분을 다음과 같이 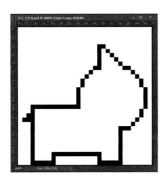 지우개 도구로 지웁니다.

18 이제 강아지 눈, 코, 입을 그려 넣을 차례입니다. 여기서 잠깐! 강아지는 옆에서 보면 주둥이가 앞으로 튀어나와 있습니다. 연필과 지우개로 모양을 다듬어주세요. 반대편 귀도 살짝 보이는 게 좋겠습니다.

19 강아지를 실제로 보면 머리에서 어깨까지 완만한 곡선을 이룹니다. 턱선도 마찬가지고요. 완만한 곡선이 되도록 연필과 지우개로 조금씩 다듬어봅시다.

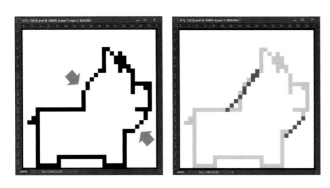

20 조금씩 강아지 느낌이 납니다. 앞발과 뒷발, 엉덩이도 연필과 지우개로 부드럽게 다듬어봅시다.

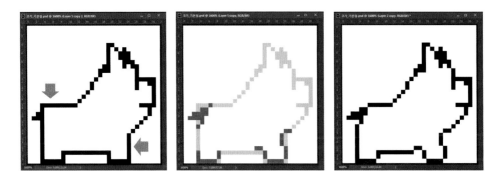

21 기본 도형을 이용하여 강아지를 스케치했습니다.

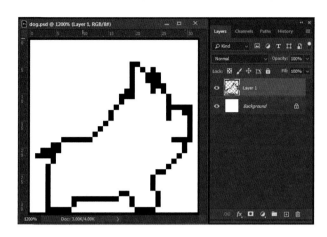

NOTE_ 지금까지 한 작업을 '코기_달리기_러프.psd'라는 이름의 파일로 따로 저장해두세요. 강아지 기본형을 스케치한 이 파일은 애니메이션을 만들 때 기본형으로 사용할 것입니다.

22 강아지에 색상을 입히기 전에 캔버스의 배경색을 바꾸겠습니다. 전경색을 녹색(#249200)으로 바꾸고, ![paint bucket icon] 페인트 통 도구를 이용하여 Background(배경)를 녹색으로 가득 채웁니다.

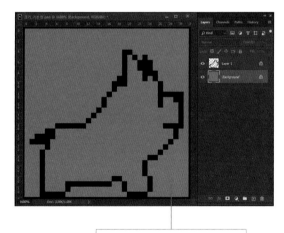

Background를 녹색으로 바꿉니다.

Background의 색상을 바꾼 이유

강아지 털에 흰색이 들어가기 때문에 Background의 색상이 흰색이면 강아지 털에 흰색이 칠해졌는지 아닌지 구분하기 힘들 수 있습니다. 그러므로 흰색이 많이 들어 있는 그림을 그릴 때는 Background의 색상을 그림에서 사용하지 않은 색으로 바꾸어줍니다. 그러면 그림 작업을 하기 훨씬 수월해집니다. 책에서처럼 반드시 녹색을 사용해야 하는 건 아니고 눈에 편안한 색을 선택하여 사용하면 됩니다.

23 전경색을 흰색(#FFFFFF)으로 바꾸고 페인트 통 도구를 이용하여 강아지 몸을 흰색으로 채웁니다. 이때 페인트 통 옵션 패널에서 Contiguous(인접) 옵션을 체크하면 외곽선을 기준으로 강아지 몸의 안쪽만 가득 채워집니다.

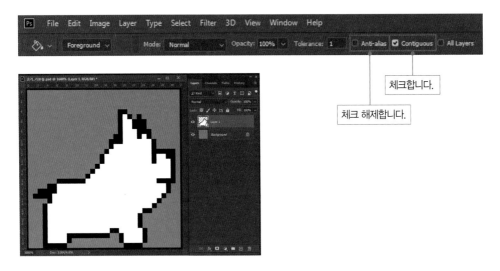

24 강아지 몸통에 베이지색(#db9255)으로 무늬를 그립니다.

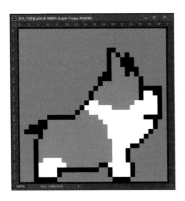

25 흰색과 베이지색의 경계를 부드럽게 표현하기 위해 경계가 되는 부분에 중간색(#ffb655)을 칠합니다.

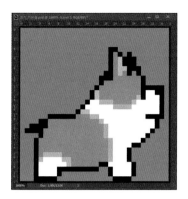

26 캐릭터 외곽선의 검정색을 보라색(#924955)으로 바꾸겠습니다. 전경색을 보라색으로 바꿉니다. 페인트 통 도구를 선택한 뒤 페인트 통 옵션 패널에서 Contiguous(인접) 옵션을 체크 해제하고 강아지의 외곽선을 클릭하세요.

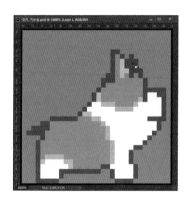

> **TIP** 옵션 패널에서 Contiguous(인접) 옵션을 체크 해제하면 선이 끊어져 있더라도 RGB값이 같은 색을 한 번에 바꿀 수 있습니다.

27 캐릭터 외곽선도 명암을 표현해주세요. 눈, 코처럼 포인트가 되는 부분과 강아지 꼬리, 다리, 귀의 뒷부분 등 그림자가 지는 부분은 좀 더 진한 색(#4e2d37)을 칠하는 게 좋습니다.

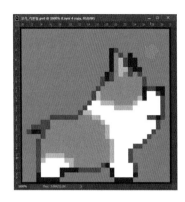

28 어두운 부분이 있으면 밝은 부분도 있겠죠? 하얀 털의 외곽선은 다른 곳에 비해 상대적으로 밝습니다. 턱 부분의 외곽선에는 베이지색(#b66d55)을 칠합니다.

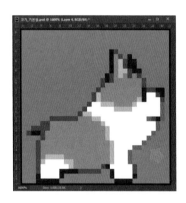

29 배경이 잠시 보이지 않도록 Background(배경) 레이어의 눈 아이콘을 클릭해서 비활성화합니다.

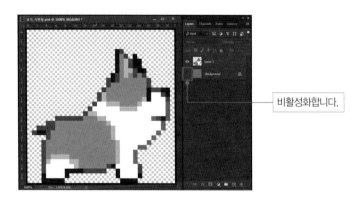

비활성화합니다.

30 리소스로 사용하려면 도트를 원하는 비율로 확대하고 *.png로 저장하면 됩니다. 여기서는 '코기.png'로 저장합니다. 이것으로 강아지 기본형이 완성되었습니다.

7.4 달리기 애니메이션

강아지 기본형을 바탕으로 강아지가 달리는 애니메이션을 제작하겠습니다. 달리기는 반복 재생되어야 하므로 시작 동작과 끝 동작이 연결되어야 합니다. 잠시 동작을 살펴보겠습니다.

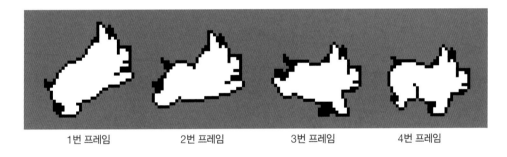

| 1번 프레임 | 2번 프레임 | 3번 프레임 | 4번 프레임 |

동물의 앞발은 사람에겐 팔이고, 뒷발은 사람에겐 다리입니다. 만약 사람이 동물처럼 네 발로 걷는다면 어떻게 걸을까요?

1 뒷발로 땅을 밀어내고 앞발을 번쩍 듭니다.

2 앞발이 내려가면서 뒷발이 올라갑니다. 빠르게 달리고 있다면 어느 순간 두 다리가 공중에 뜨게 됩니다.

3 앞발이 착지했습니다. 뒷발은 아직 내려오지 않았습니다.

4 앞발로 땅을 밀어냅니다. 이때 등이 살짝 둥글어집니다. 뒷발은 착지하기 전에 무릎이 살짝 접히면서 땅으로 내려올 준비를 합니다.

7.4.1 1번 프레임

달리기 첫 번째 프레임을 스케치하겠습니다.

01 앞서 21번 과정을 마치고 저장한 '코기_달리기_러프.psd' 파일을 불러옵니다. 'Layer 1' 레이어를 마우스 오른쪽 클릭하고 '레이어 복제'를 선택하여 레이어를 복제합니다

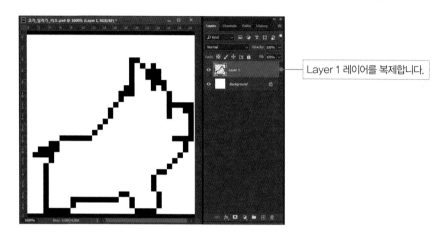

Layer 1 레이어를 복제합니다.

02 레이어 이름을 각각 '기본형'과 '달리기1'로 변경합니다. 지금부터 '달리기1' 레이어에서 수정합니다.

레이어 이름을 변경합니다.

03 첫 번째 프레임은 강아지가 앞발을 들고 서 있는 동작입니다. 먼저 강아지 몸통을 위로 세울 것입니다. ▥ 사각형 선택 윤곽 도구로 강아지의 머리 부분을 드래그하여 선택합니다.

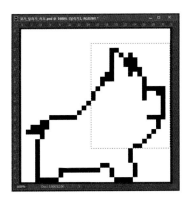

04  이동 도구를 선택한 다음 강아지 머리를 위로 4픽셀 이동시킵니다.

> **TIP** 이동 도구를 선택한 뒤 방향키를 누르면 픽셀 단위로 쉽게 이동시킬 수 있습니다.

05 Ctrl + D 를 눌러 선택 영역을 해제합니다.

06 앞발은 다시 그릴 것이니 일단 지우개 도구로 지워주세요.

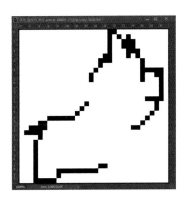

07 끊어진 몸통을 연필로 이어주세요.

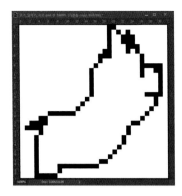

08 끊어진 부분을 그대로 이었더니 허리가 꺾여 보입니다. 강아지의 등을 완만하게 다듬어 주세요.

09 강아지 얼굴 앞쪽에 앞발을 그려줍니다.

10 뒷발은 강아지의 체중을 지탱해야 합니다. 그런데 뒷발을 쭉 뻗고 있어서 강아지가 앞으로 곧 쓰러질 것처럼 불안해 보입니다.

11 뒷발을 살짝 안쪽으로 굽히면 자세가 한결 안정될 것입니다. 연필과 지우개로 강아지의 뒷다리를 살짝 구부려주세요. 반대쪽 뒷다리도 살짝 보이게 하는 게 보기 좋습니다. 강아지의 꼬리 끝도 귀엽게 살짝 올려주세요.

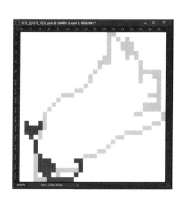
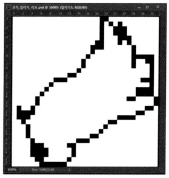

12 지금까지 첫 번째 프레임을 스케치했습니다. 애니메이션은 움직임을 보면서 수시로 수정해야 하는 경우가 많습니다. 채색은 모든 동작을 완성한 후에 하겠습니다.

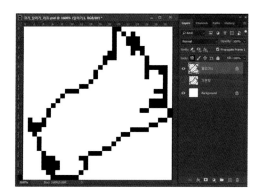

7.4.2 2번 프레임

이제 달리기 두 번째 프레임을 스케치합니다. 첫 번째 프레임을 복제하고 수정해서 만들 것입니다.

01 '달리기1' 레이어를 복제하고, 레이어 이름을 '달리기2'로 바꿉니다. 작업 편의를 위해 '달리기2' 레이어를 제외한 다른 레이어는 보이지 않게 합니다.

02 두 번째 프레임은 강아지의 두 발이 모두 공중에 떠있는 동작입니다. 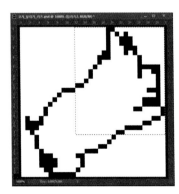 사각형 선택 윤곽 도구로 강아지의 머리와 앞발 부분을 드래그하여 선택합니다.

03  이동 도구로 강아지 머리를 아래로 3픽셀 이동시키고 ⌈Ctrl⌉+⌈D⌉를 눌러 선택 영역을 해제합니다.

04 이제 뒷발이 공중에 뜨도록 🖊 연필 도구와 🩹 지우개 도구로 수정해주세요.

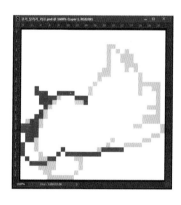

05 달리기 두 번째 프레임이 완성되었습니다.

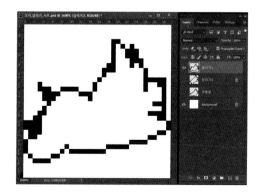

7.4.3 3번 프레임

세 번째 프레임은 두 번째 프레임을 복제하고 수정해서 만들 것입니다.

01 '달리기2' 레이어를 복제하고, 레이어 이름을 '달리기3'으로 바꿉니다. '달리기3' 레이어를
제외한 다른 레이어는 보이지 않게 합니다.

02 세 번째 프레임은 착지하는 동작입니다. 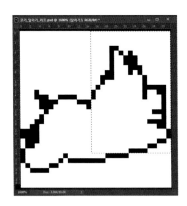 사각형 선택 윤곽 도구로 강아지의 머리와 앞
발 부분을 드래그하여 선택합니다.

03  이동 도구로 강아지 머리를 아래로 4픽셀 이동시키고 Ctrl + D 를 눌러 선택 영역을 해제합니다. 앞발은 땅에 착지했지만 뒷발은 아직 공중에 떠있습니다.

TIP 이동 도구를 선택한 뒤 방향키를 누르면 픽셀 단위로 쉽게 이동시킬 수 있습니다.

04 앞발이 땅에 닿을 수 있게  연필 도구와  지우개 도구로 수정합니다. 이때 두 앞발이 포개서 떨어지는 것보다 비스듬히 착지하는 것이 보기 좋습니다. 강아지의 등도 부드럽게 이어 줍니다.

05 뒷발 부분을 수정합니다. 앞발이 땅에 착지했는데 뒷발이 허공에 그대로 있으면 뭔가 좀 이상하겠죠? 하체는 살짝 위로 올라갑니다. 총 4프레임으로 강아지가 달리는 동작을 표현할 것이므로 동작을 살짝 과장되게 표현해도 좋습니다.

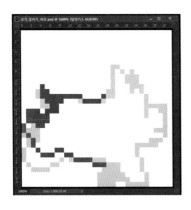 

06 거의 다 되었습니다. 이제 강아지의 귀를 옆으로 살짝만 움직여볼까요?

강아지 귀는 왜 수정해요?

이전 프레임과 현재 프레임의 동작을 비교했을 때 픽셀 중 일부는 움직이고 일부는 아예 움직이지 않는다면 연속 재생시켰을 때 그 부분이 무척 어색하게 보입니다. 이럴 땐 그러한 픽셀들을 1픽셀 정도 살짝 옮겨주세요. 착지 동작과 직접적인 연관은 없더라도 강아지 머리와 몸과 다리는 모두 하나로 연결되어 있기 때문에 몸 전체가 조금이라도 영향을 받기 때문입니다.

07 달리기 세 번째 프레임까지 만들었습니다.

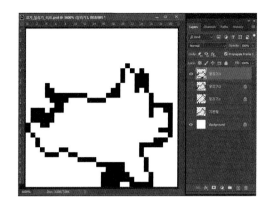

7.4.4 4번 프레임

이제 달리기 네 번째 프레임을 스케치합니다. 네 번째 프레임은 세 번째 프레임을 복제하고 수정해서 만들 것입니다.

01 '달리기3' 레이어를 복제하고, 레이어 이름을 '달리기4'로 바꿉니다. '달리기4' 레이어를 제외한 다른 레이어는 보이지 않게 합니다.

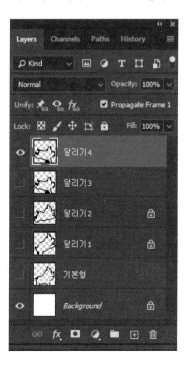

02 다음 그림에서 물음표 자리에 들어갈 동작이 네 번째 프레임입니다. 네 번째 프레임은 어떤 동작이 들어가면 좋을까요? 한 번 짐작해보세요.

TIP 마지막 프레임은 첫 번째 프레임으로 자연스럽게 이어져야 합니다.

03 마지막 동작은 앞발로 땅을 밀어내는 동시에 뒷발은 최대한 움츠립니다. 먼저 앞발부터 연필과 지우개로 그려봅니다.

04 뒷발은 앞발에 가깝도록 움츠립니다. 마치 뒷발차기를 준비한다고 생각하면 됩니다. 다음 동작은 첫 번째 프레임으로 강아지가 힘차게 땅을 내딛기 위해 앞발을 들고 서 있는 준비 동작입니다. 프레임이 많지 않을 땐 이전 프레임과 다음 프레임 사이의 움직임 변화가 클수록 빠른 동작처럼 보입니다.

05 강아지의 앞발과 뒷발이 움직였는데 머리만 가만히 있으면 동작이 좀 어색하게 보입니다. 머리도 ▣ 사각형 선택 윤곽 도구로 영역을 잡아 아래로 1픽셀 정도 살짝 움직여줍시다.

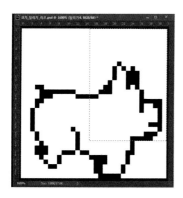

06 달리기 네 번째 프레임까지 만들었습니다.

7.5 애니메이션 타임라인 세팅

이제 달리기 동작 애니메이션을 테스트해보겠습니다. 만약 튀는 동작이 있으면 해당 레이어를 찾아서 수정하면 됩니다.

01 애니메이션을 테스트하기 위해 메뉴에서 Window(창) → Timeline(타임라인)을 선택합니다.

02 Timeline(타임라인) 창에서 Create Video Timeline(비디오 타임라인 만들기) 버튼을 클릭합니다.

클릭합니다.

03 프레임 단위로 편집할 수 있도록 왼쪽 아래에 있는 ▦ Convert to frame animation(프레임 애니메이션으로 변환) 버튼을 클릭합니다.

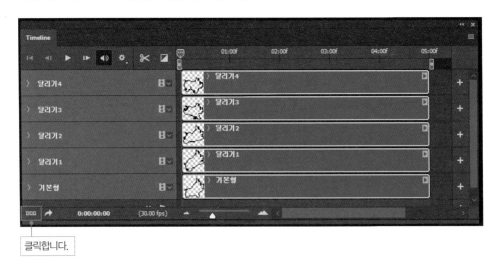

클릭합니다.

04 지금까지 만든 동작들을 타임라인에 추가합니다. 달리기는 총 4프레임이므로 ⊞ Duplicate select frame(선택한 프레임 복제) 버튼을 3번 클릭합니다.

3번 클릭합니다.

05 처음에는 모두 같은 그림이 보일 겁니다.

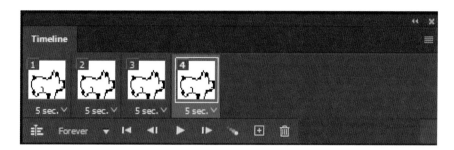

06 각 프레임에 보이게 될 그림을 정합니다. 첫 번째 프레임에는 '달리기1' 레이어만 보일 수 있도록 레이어 상자에서 해당 레이어 외에는 모두 보이지 않게 합니다. 나머지 프레임도 같은 방법으로 하면 됩니다.

07 각 프레임의 재생 시간이 기본 5초로 되어 있습니다. 재생 시간을 모두 0.2초로 수정하세요.

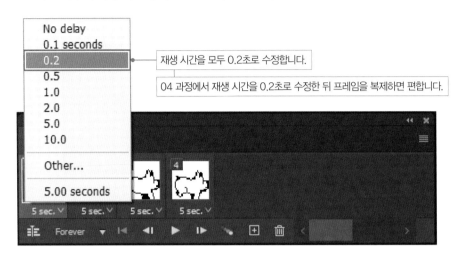

재생 시간을 모두 0.2초로 수정합니다.

04 과정에서 재생 시간을 0.2초로 수정한 뒤 프레임을 복제하면 편합니다.

08 반복 테스트를 위해 애니메이션 재생 방법을 Forever(계속)로 바꿉니다.

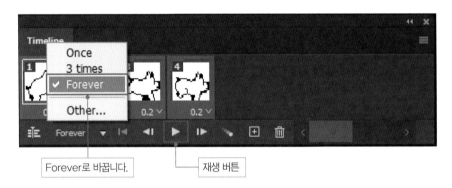

Forever로 바꿉니다.

재생 버튼

09 재생 버튼을 눌러 지금까지 만든 애니메이션을 재생시켜봅니다.

10 만약 동작을 좀 더 부드럽게 표현하고 싶다면 중간에 들어갈 동작을 그린 후 프레임을 추가하면 됩니다.

7.6 달리기 애니메이션 채색하기

달리기 동작을 스케치했으니 이제 각 동작을 채색할 차례입니다. 지금까지 작업한 파일을 '코기_달리기_채색.psd'으로 저장하고 각 동작을 채색해보세요. 명암 넣는 방법은 강아지 기본형의 채색 방법을 참고하면 됩니다.

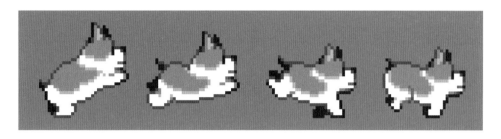

7.7 저장하기(*.gif와 *.png)

*.png와 *.gif를 저장하는 방법은 같습니다. File(파일) → Export(내보내기) → Save for web(legacy)(웹용으로 저장(레거시))에서 저장할 포맷을 *.png(게임 리소스) 또는 *.gif(움직이는 이미지)로 지정하면 됩니다.

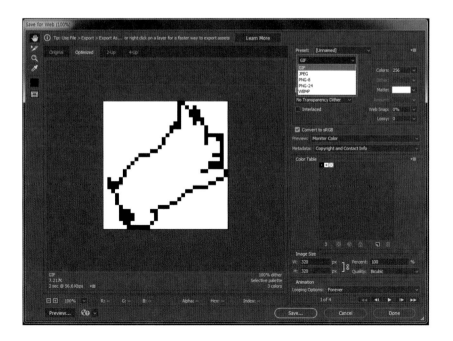

실제 게임에 사용될 리소스는 *.png로 저장합니다. 그리고 애니메이션은 *.gif로 저장합니다. *.gif 파일은 게임 내부에 들어가는 리소스는 아니지만 개발팀 내에서 서로 이해를 돕기 위한 시각적 예시로 사용합니다.

7.8 강아지 점프, 죽음

강아지의 점프 동작과 죽음 동작은 달리기 두 번째 프레임을 수정하면 쉽게 만들 수 있습니다. 지금까지 배운 것을 토대로 직접 만들어보기 바랍니다.

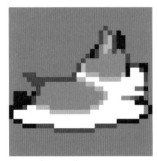

▶ 점프(1프레임)

▶ 죽음(1프레임)

7.9 스테이지 제작

지금부터 스테이지를 만들 것입니다. 타일 크기는 16×16이며, 타일을 스테이지에 붙여 넣는 방식으로 제작할 것입니다.

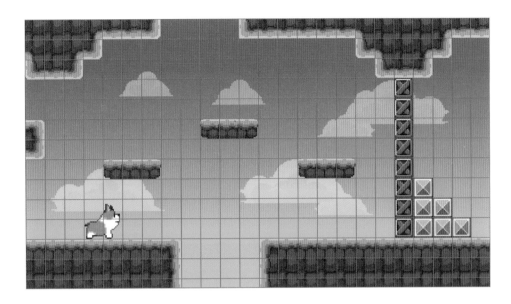

01 스테이지용 새 캔버스를 만듭니다. 스테이지 크기는 384×216입니다.

캔버스 크기

02 그리드 간격을 16픽셀로 지정합니다. '그리드 간격 = 타일 크기'입니다.

NOTE_ 한 번 지정한 그리드 간격은 모든 새로운 파일에 계속 적용됩니다. 그러므로 필요할 때마다 그리드 간격을 변경해야 합니다.

16×16 그리드 세팅

메뉴에서 Edit(편집) → Preference(환경 설정) → Guide, Grid & Slice(안내선, 그리드 및 분할 영역)를 선택합니다. Grid(격자) 패널에서 Gridline Every(격자 간격)를 16픽셀, Subdivisions(세분)을 1로 변경하고 OK 버튼을 클릭합니다.

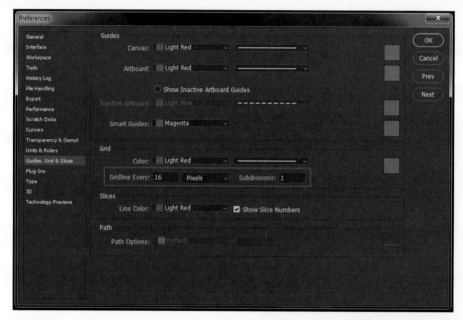

메뉴에서 View(보기) → Show(표시) → Grid(격자)를 선택하거나 단축키 Ctrl + H 를 누르면 16×16 간격의 그리드가 보이거나 보이지 않게 됩니다.

03 메뉴에서 File(파일) → Save(저장)을 선택해 '스테이지.psd'로 저장합니다.

7.9.1 나무 상자 타일

우선 그리기 쉬운 나무 상자 타일부터 만들어보겠습니다.

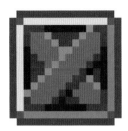

01 16×16의 새 캔버스를 만들고 '나무상자.psd'로 저장합니다. 여기에 나무 상자 타일을 그릴 것입니다. 이 상자는 나무와 쇠로 이루어졌습니다.

02 새 레이어를 추가하고  페인트 통 도구를 사용해서 갈색(#7c4420)으로 채웁니다.

03  연필 도구를 사용해서 쇠로 된 회색(#8a8a8a) 테두리를 그립니다.

04 나무 상자에 X자로 교차시킨 나무를 덧댑니다. 덧댄 나무는 나무 상자에 칠한 갈색보다 살짝 밝습니다(#aa6627).

05 X자로 교차시킨 나무에 의해 뒤에 놓인 나무판에 얇게 그림자가 생깁니다. 나무의 밝은 부분은 노랑(#db9200)으로, 어두운 부분은 갈색((#7c4420)으로 명암을 표현합니다.

06 금속 테두리에도 밝고 어둠이 있습니다. 빛이 왼쪽 위에서 비춘다고 가정하고, 왼쪽과 위쪽에 밝은 회색(#dbdbdb)을 칠합니다.

07 금속과 나무의 재질이 나뉘는 경계 부분을 진한 갈색(#472c1d)으로 칠합니다.

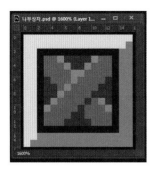

08 마찬가지로 타일의 테두리에도 진한 회색(#4c4c54)을 칠합니다.

09 금속과 나무 재질의 모서리를 둥글게 만듭니다. 정확한 네모 타일보다 끝을 살짝 둥글게 하는 것도 좋습니다. 중간 밝기의 회색(# 5f5f5f)과 진한 회색(#4c4c54)을 사용했으며, 타일의 네 귀퉁이는 둥글게 오려냈습니다.

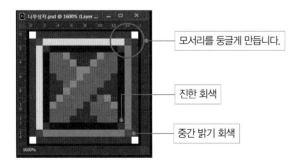

10 나무 재질의 디테일 작업을 합니다. 나무 재질은 크게 3겹으로 되어 있습니다. '기본 나무 + X자형 나무'인데, 이것들을 겹쳐 놓은 순서에 따라 명암이 생깁니다. 이것을 다듬어주세요.

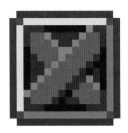

11 나무 상자 타일을 스테이지 위에 배치해보겠습니다.

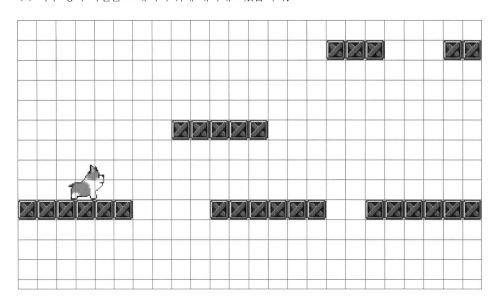

7.9.2 골인 지점 타일

다음은 스테이지의 최종 목적지에 놓이게 될 골인 지점 타일(16×16)입니다. 직접 만들어보세요.

7.9.3 풀 타일

이번에는 다음과 같은 풀 타일(16×16)을 만들겠습니다. 이 타일은 흙과 풀로 이루어져 있습니다.

01 풀 타일을 그리기 위해 16×16의 새 캔버스를 만들고 '타일_풀.psd'로 저장합니다.

02 새 레이어를 추가하고, 흙이 될 부분을  페인트 통 도구를 사용하여 황토색(#965812)으로 채웁니다.

03 흙 위에 풀을 그릴 것입니다. 흙과 풀이 절반 정도 섞이면 좋겠군요. 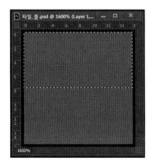 사각형 선택 윤곽 도구로 풀을 그릴 부분을 드래그합니다.

04 선택 영역에 풀색(#71ac5e)을 채웁니다.

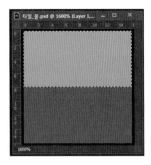

05 선택 영역을 해제하고, 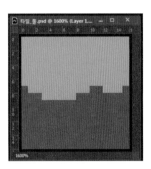 연필 도구로 풀 모양을 다듬습니다.

06 타일은 같은 패턴을 나란히 반복시켜 사용하기 때문에 서로 맞닿는 부분(왼쪽 끝과 오른쪽 끝)을 고려해야 합니다. 이때 양 끝의 무늬가 1픽셀 이상 어긋나지 않도록 주의합니다.

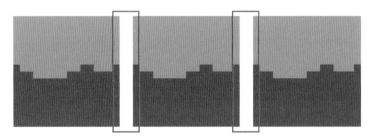

07 타일은 다음과 같이 반복적으로 사용될 것입니다. 어떤 느낌일지 짐작되시죠?

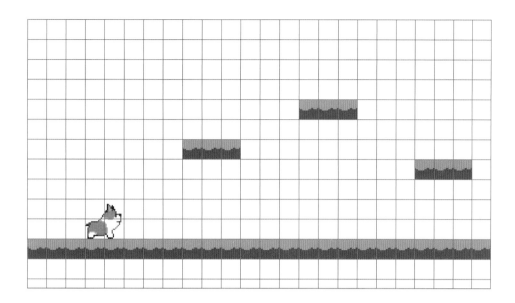

타일 무늬를 어긋나지 않게 맞추는 방법

처음에 풀 타일을 만들 때 흙과 풀을 반으로 나누고 시작한 이유는 바로 이것 때문입니다. 양쪽 끝 픽셀은 그대로 두고 가운데 부분만 수정하면 반복시켜도 타일이 어긋나지 않습니다.

08 풀과 흙의 경계를 따라 풀 안쪽으로 파랑색(#1b6451)을 칠합니다. 명암을 넣을 때도 서로 맞닿는 양쪽 끝부분이 어긋나지 않도록 주의해야 합니다.

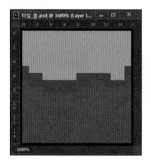

09 풀과 흙의 경계를 따라 흙 안쪽으로 갈색(#74320e)을 칠합니다. 흙이 세로로 갈라지게 그려보세요.

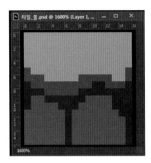

10 풀의 밝은 부분을 그립니다. 풀의 위쪽을 연두색(#92cd62)으로 칠해주세요.

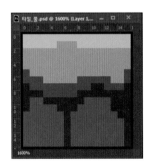

11 타일 작업을 하면서 중간중간 다음과 같이 스테이지 위에 올려서 그 모양을 확인하고 다듬는 과정이 필요합니다.

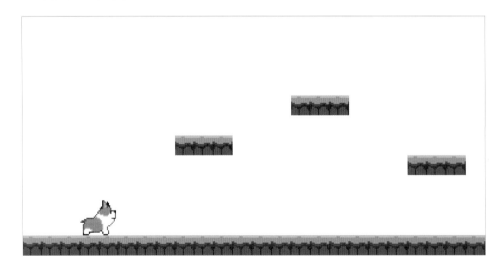

12 명암 차이가 클 때 중간색을 넣으면 한결 부드러워집니다. 풀의 중간색(#508a5a)과 흙의 중간색(#85440f)을 넣어봅시다.

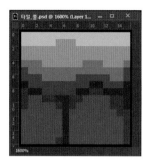

13 그런데 타일 높이가 16픽셀 밖에 되지 않다 보니 땅이 좀 얇은 느낌입니다. 땅이 좀 더 두꺼웠으면 좋겠습니다.

14 아래쪽에 놓이게 될 흙만 있는 타일을 만들어봅시다. 땅 아랫부분에 들어갈 타일을 제작할 때는 지금까지 작업한 풀 타일과 연결되는 부분을 고려해야 합니다. 이제 만들어볼까요?

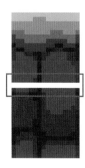 

15 메뉴에서 Image(이미지) → Canvas Size(캔버스 크기)를 선택한 뒤 캔버스 크기를 늘려주세요. 서로 이어져야 하는 타일이라 편의상 2개를 이어서 그릴 것입니다. Height를 32로 늘립니다. Anchor(기준)는 상단을 기준으로 아래를 향해 캔버스가 늘어나도록 설정합니다.

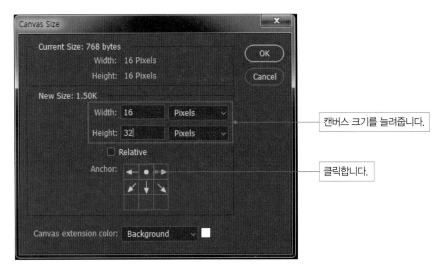

캔버스 크기를 늘려줍니다.

클릭합니다.

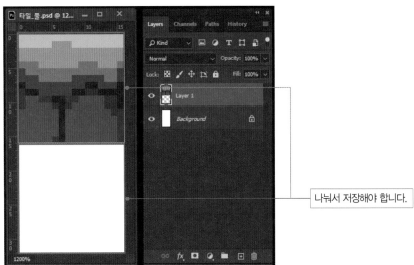

나눠서 저장해야 합니다.

NOTE_ 최종 리소스 저장 단계에서는 16×16짜리 타일 2개로 나눠서 저장해야 합니다.

배경색을 확인하세요

늘어난 캔버스는 배경색으로 채워집니다. 보통 흰색으로 채워지지만 혹시 다른 색으로 채워졌다면 도구 패널에서 배경색을 확인해보세요.

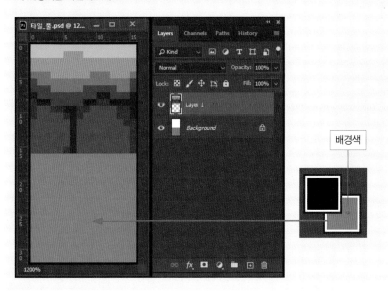

16 늘어난 땅을 황토색(#965812)으로 채웁니다.

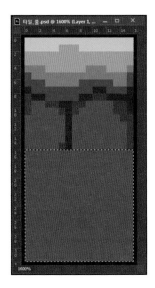

17 흙 무늬(#74320e)를 그려 넣습니다. 일단 무늬만 그려서 스테이지에 붙여보세요. 타일을 반복시켰을 때 모양이 이상하면 다시 수정해야 합니다.

18 지금까지 만든 2개의 타일을 여러 가지 방법으로 조합해보세요. 이 과정에서 어떤 타일이 추가로 더 필요한지 알게 됩니다.

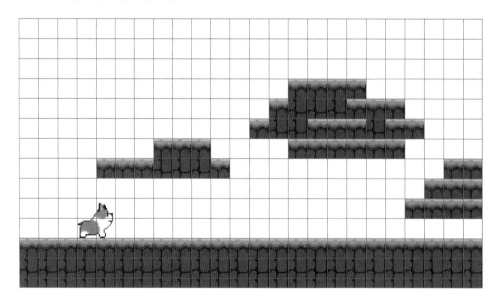

19 이제 흙에 명암을 넣습니다. 빛은 위에서 아래로 내려오기 때문에 흙을 절반으로 나눠서 반은 밝게, 반은 어둡게 표현하면 됩니다. 두 개로 나눠진 흙의 높낮이를 살짝 다르게 표현해도 좋습니다. 중간 밝기의 갈색은 #85440f으로 칠해주세요.

흙에 명암을 넣습니다.

20 풀 타일이 완성되었습니다.

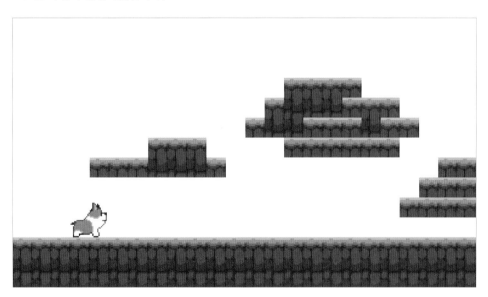

21 지금까지 2개의 기본 타일을 만들었습니다. 리소스를 원하는 비율로 확대한 후 각각 *.png 로 저장하세요.

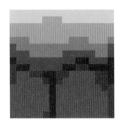 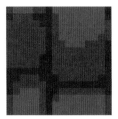

7.9.4 풀 타일세트

지금까지 만든 타일만 이용하더라도 길은 얼마든지 이어 붙여 늘릴 수 있지만 끝이 마치 칼로 자른 것처럼 보입니다. 또한 경사면에 사용할 수 있는 타일도 없습니다. 지금부터 기본 타일을 변형한 풀 타일세트를 만들어 이러한 문제점들을 해결하겠습니다.

01 길의 양쪽 끝에 사용할 타일을 만드세요. 길은 왼쪽으로 달리다가 끊어질 수도 있고, 오른 쪽으로 달리다가 끊어질 수도 있습니다.

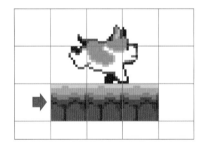

앞서 만든 기본 타일을 복제해서 수정하면 쉽게 만들 수 있습니다.

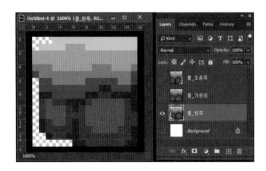

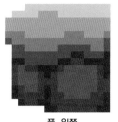
풀_왼쪽

풀_가운데

풀_오른쪽

02 계단 모양의 지형을 만들 때도 양 끝을 막는 타일이 필요합니다. 직접 만들어보세요. 할 수 있죠?

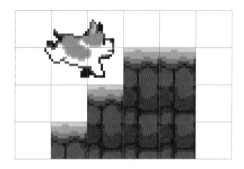

03 이번에는 비스듬한 경사가 있는 지형을 만들어보겠습니다.

이때 추가되는 타일은 왼쪽 방향과 오른쪽 방향에 각각 2개씩입니다. 왼쪽 방향의 경사 타일과 오른쪽 방향의 경사 타일은 다른 모양이기 때문입니다.

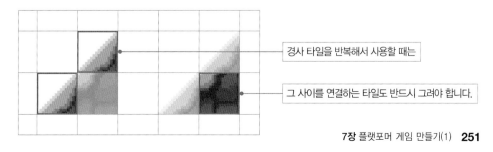

경사 타일을 반복해서 사용할 때는

그 사이를 연결하는 타일도 반드시 그려야 합니다.

04 여러 조합을 고려하여 만든 타일들을 한 곳에 모으면 그것이 타일세트가 됩니다. 새 캔버스를 만들고 지금까지 만든 타일들을 한 곳에 모아서 '타일세트.psd'로 저장합니다. 방향별로 한 눈에 알아보기 쉽게 정리해두면 타일을 사용하기 편리합니다. 원하는 비율로 확대한 후 각각 ＊.png로 저장해서 실제 게임 리소스로 사용하면 됩니다.

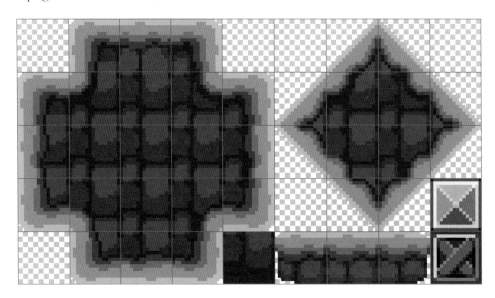

TIP ＊.png 리소스로 저장할 때 중복된 타일은 저장하지 않아도 됩니다.

7.9.5 배경 레벨 디자인

지금까지 만든 타일들로 다양하게 레벨 디자인을 해보세요. 배치하면서 스테이지가 좁으면 Image(이미지) → Canvas size(캔버스 크기)로 늘리면 됩니다. 다양한 레벨을 구성하면서 필요한 타일이 있으면 그때그때 추가하세요. 이 작업은 타일을 조합했을 때 어떤 모양이 될지 디자인 단계에서 미리 알아보기 위한 과정입니다.

01 7.9절에서 만든 '스테이지.psd'를 불러옵니다. 7.9절에서 저장하지 않았다면 스테이지를 새로 만듭니다.

02 이 스테이지에 앞서 저장한 '타일세트.psd'에서 풀 타일을 끌어서 배치한 뒤 강아지 캐릭터 (코기.png)를 배치할 것입니다.

다음과 같이 풀 타일과 강아지 캐릭터를 배치합니다.

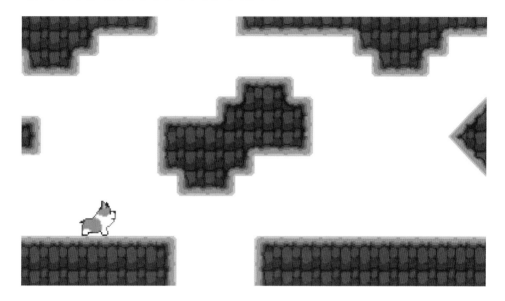

03 레이어 이름을 변경합니다.

Shift 키를 누르고 삽입한 풀 타일을 모두 선택한 뒤 마우스 오른쪽 클릭하고 단축 메뉴에서 '레이어 병합'을 선택합니다. 병합된 레이어 이름을 '땅'으로 변경합니다.

삽입한 강아지 캐릭터의 레이어 이름을 '코기'로 변경합니다.

레이어 이름을 변경합니다.

7.9.6 푸른 하늘

이제 하늘을 만들어봅시다.

01 스테이지의 '땅' 레이어 아래에 새 레이어를 추가하고, 레이어 이름을 '하늘'로 바꿉니다.

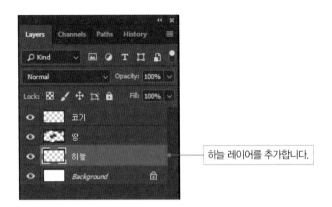

하늘 레이어를 추가합니다.

02 '하늘' 레이어를 하늘색(#21c3de)으로 채웁니다.

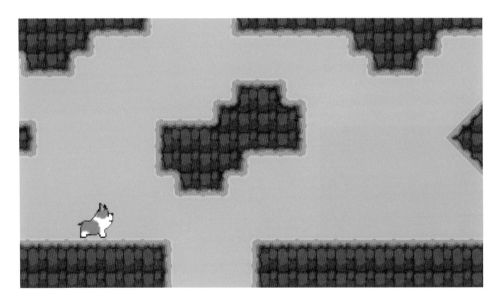

하늘이 단색이라 다소 심심해 보입니다. ■ 그레이디언트 도구(Gradient Tool)로 파란색 (#286ed6) 그레이디언트를 부드럽게 살짝 넣어보겠습니다.

03 하늘 레이어 위에 새 레이어를 추가하고, 레이어 이름을 '그레이디언트'로 바꿉니다.

그레이디언트 레이어를 추가합니다.

04 ■ 그레이디언트 도구(Gradient Tool)를 클릭합니다.

도구 패널에 ■ 그레이디언트 도구(Gradient Tool)가 보이지 않으면 ⬗ 페인트 통 도구 아이콘을 누르면 찾을 수 있습니다.

05 다음과 같이 서서히 투명해지도록 설정을 바꿉니다.

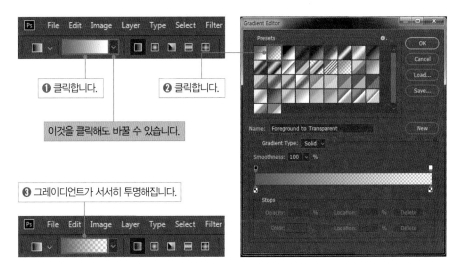

❶ 클릭합니다.

❷ 클릭합니다.

이것을 클릭해도 바꿀 수 있습니다.

❸ 그레이디언트가 서서히 투명해집니다.

06 위에서 아래로 드래그합니다.

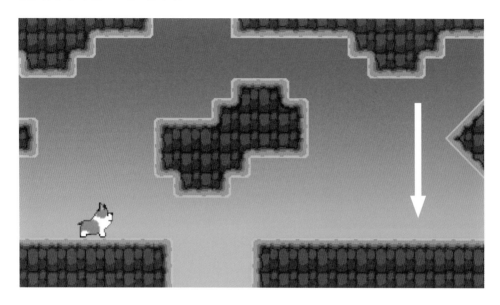

7.9.7 뭉게구름

이번엔 하늘 위에 구름을 몇 개 만들어보겠습니다. 작업 편의상 잠시 '코기'와 '땅' 레이어를 보이지 않게 하겠습니다.

01 '그레이디언트' 레이어 위에 새 레이어를 추가하고, 레이어 이름을 '구름'으로 바꿉니다.

구름 레이어를 추가합니다.

02 구름을 만드는 가장 쉬운 방법은 연필 크기를 활용하는 것입니다. 먼저 전경색을 연한 하늘색(#d6f2fe)으로 바꾸고, 연필 크기를 45픽셀로 늘린 뒤 한 번 클릭합니다. 이번에는 연필 크기를 30픽셀로 줄인 뒤 앞서 그린 원과 겹치게 한 번 더 클릭합니다. 이 과정을 몇 번 반복하면서 구름의 둥근 형태를 만들어주세요.

TIP 연필은 단축키 [[] 와 []] 키로 크기를 늘이거나 줄일 수 있습니다.

03 구름 아랫부분을 ▥ 사각형 선택 윤곽 도구로 선택하고 [Delete] 키를 누릅니다. [Ctrl] + [D] 를 눌러 선택 영역을 해제합니다.

04 연필로 구름의 끄트머리 모양을 살짝 다듬어줍니다.

05 이제 ▨ 투명 픽셀 잠그기를 클릭해서 구름 레이어에 Lock을 걸어주세요. ▨ 투명 픽셀 잠그기로 Lock을 걸면 투명한 픽셀은 수정을 할 수 없게 됩니다. 즉, 현재 레이어에서 그림이 그려진 부분만 수정할 수 있습니다.

구름 레이어의 투명 픽셀을 잠급니다.

06 전경색을 약간 진한 하늘색(#ade6fe)으로 바꿉니다.

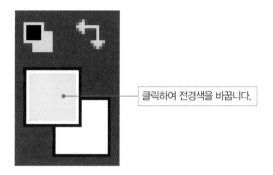

클릭하여 전경색을 바꿉니다.

07 📝 연필 도구를 선택하고 연필 크기를 조금씩 바꿔가며 구름보다 살짝 작게 안쪽으로 진한 하늘색을 덧칠합니다.

08 전경색을 연한 하늘색(#d6f2fe)으로 바꾸고 구름 안쪽을 살짝 다듬어줍니다.

09 구름이 하늘에 은은하게 어울릴 수 있도록 구름 레이어의 Opacity(불투명도)를 50%로 지정합니다.

Opacity(불투명도)를 50%로 지정합니다.

10 같은 방법으로 크고 작은 구름을 몇 종류 더 만들어보길 바랍니다.

11 지금까지 작업한 모든 레이어를 보이게 하면 다음과 같습니다.

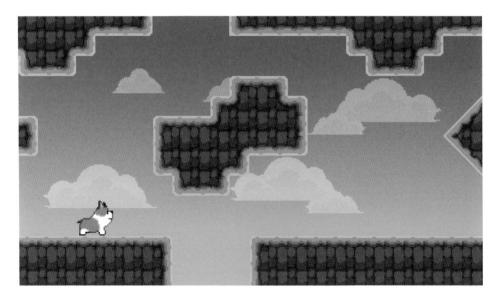

7.10 오브젝트

이 게임은 주인공 강아지가 커다란 햄버거를 먹기 위해 모험을 떠나는 게임입니다. 시간이 지날수록 허기진 강아지는 틈틈이 고기를 먹어야 합니다. 고기를 먹고 지나가면 그 자리엔 뼈다귀만 남습니다. 스테이지 곳곳에 있는 날카로운 가시에 찔리면 강아지는 죽고 게임은 끝납니다. 지금부터 만들 오브젝트는 다음과 같습니다.

- 오브젝트 : **뾰족가시 장애물, 뼈다귀, 먹음직스러운 고기, 커다란 햄버거**

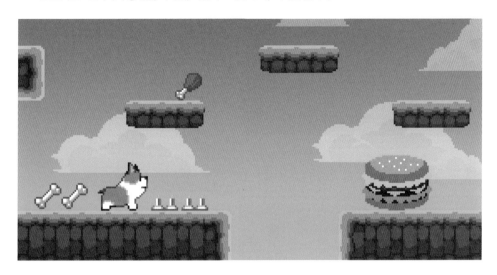

7.10.1 뾰족가시 장애물

강아지 코기가 고기와 햄버거를 먹기 위해 앞으로 뛰어가는 과정에 장애물이 없다면 재미가 없을 겁니다. 여기서는 뾰족가시 장애물을 만들겠습니다.

01 16×9의 새 캔버스를 만들고 '뾰족가시.psd'로 저장합니다.

02 새 레이어를 만들고, 레이어 이름을 '뾰족가시'로 바꿉니다.

뾰족가시 레이어를 추가합니다.

03 전경색을 밝은 회색(#c9c9c0)으로 바꾸고 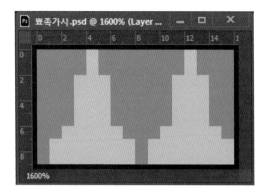 연필 도구로 가시를 그립니다. 뾰족가시는 흰색이라 작업 편의상 Background(배경) 레이어를 녹색(#249200)으로 채우겠습니다.

04 빛이 왼쪽 위에서 비추는 것으로 가정하고, 밝은 부분을 흰색으로 칠합니다.

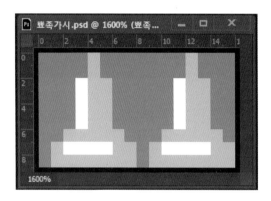

05 가장 어두운 부분을 진한 회색(#777763)으로 칠합니다. 금속의 반짝임은 빛과 어둠의 차이가 크게 변할 때 돋보입니다. 그러므로 가장 밝은 곳 바로 옆에 가장 어두운 곳이 있습니다.

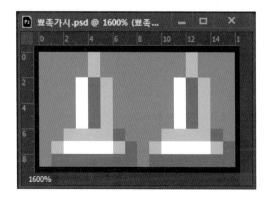

06 이제 중간 밝기의 회색(#929280)을 칠하며 뾰족가시의 형태를 다듬습니다.

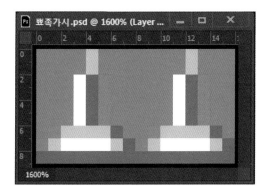

07 오브젝트이므로 배경을 투명하게 저장해야 합니다. Background(배경) 레이어의 눈을 끄고, 메뉴에서 Image(이미지) → Image Size(이미지 크기)를 선택하여 원하는 비율로 확대합니다. 이것을 *.png로 저장하면 리소스가 완성됩니다.

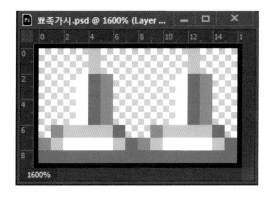

07 뾰족가시가 완성되었습니다.

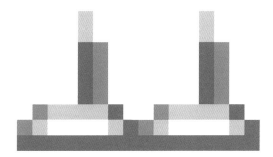

7.10.2 뼈다귀

뼈다귀를 만들겠습니다. 주인공 강아지가 먹음직스러운 고기를 먹고 지나가면 뼈다귀가 남아야 하겠죠?

01 16×16의 새 캔버스를 만들고 '뼈다귀.psd'로 저장합니다.

02 새 레이어를 만들고, 레이어 이름을 '뼈다귀'로 변경합니다.

뼈다귀 레이어를 추가합니다.

03 전경색을 중간 회색(#6d6d55)으로 바꾸고, 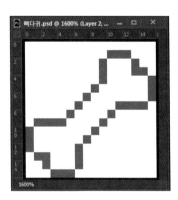 연필 도구를 이용해서 대각선으로 놓인 뼈다귀를 그립니다. 외곽선을 검정색 대신 회색으로 그리는 이유는 시선이 검정색에 집중되면 오브젝트가 혼자 튀어 보일 수 있기 때문입니다.

04 뼈다귀 안쪽을 흰색(#ffffff)으로 채웁니다. 작업 편의상 Background(배경) 레이어는 녹색(#249200)으로 채우겠습니다.

05 빛이 왼쪽 위에서 비추는 걸로 가정하여 뼈다귀에 명암을 넣습니다. 대각선을 기준으로 절반을 회색(#b6b6aa)으로 채웁니다.

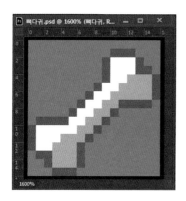

06 흰색과 회색의 경계 부분에 중간색(#dbdbaa)을 칠합니다.

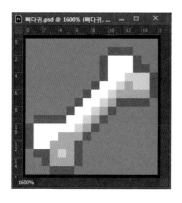

07 뼈다귀 끝부분에 둥근 공처럼 명암을 넣으면 좀 더 귀여운 느낌이 듭니다.

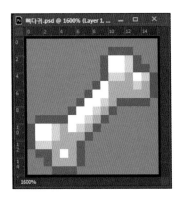

08 오브젝트이므로 배경을 투명하게 저장해야 합니다. 배경 레이어의 눈을 끄고, 원하는 비율로 확대합니다. 이것을 *.png로 저장하면 뼈다귀 리소스가 완성됩니다.

7.10.3 먹음직스러운 고기

살이 붙어 있는 먹음직스러운 고기(16×16)는 직접 만들어보세요. 뼈다귀를 수정하면 쉽게 만들 수 있을 겁니다.

7.10.4 커다란 햄버거

먹음직스러운 커다란 햄버거(42×32)도 직접 만들어보세요.

7.11 죽음 이펙트

강아지가 뾰족가시를 밟으면 죽고 게임은 끝납니다. 이때 강아지 영혼이 하늘로 올라가는 만화적 연출을 추가해보겠습니다.

01 세로로 길게 16×64의 새 캔버스를 만들고 '영혼탈출.psd'로 저장합니다.

02 새 레이어를 만들고, 레이어 이름을 '영혼탈출'로 변경합니다.

영혼탈출 레이어를 추가합니다.

03 흰색으로 길쭉한 영혼 형태를 그립니다. 작업 편의상 Background(배경) 레이어는 녹색 (#249200)으로 채웠습니다.

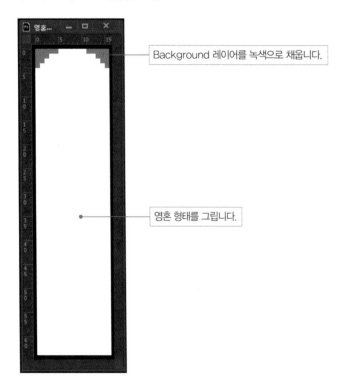

Background 레이어를 녹색으로 채웁니다.

영혼 형태를 그립니다.

이 작업은  페인트 통 도구로 레이어 전체에 흰색을 가득 채우고, 테두리를 지우개로 살짝 지워서 둥글게 만들면 편합니다.

04 전경색을 보라색(#7a56ff)으로 바꾸고  연필 도구로 테두리를 그립니다. 테두리는 연필 도구로 직접 그려도 좋고, Edit(편집) → Stroke(획) 기능을 이용하여 그린 뒤 아랫부분을 살짝 수정해도 좋습니다.

외곽선 그리기

이 방법은 선택 영역을 따라 외곽선을 그릴 때 자주 사용하는 방법입니다.

1 Ctrl 키를 누른 상태로 레이어의 썸네일을 클릭하면 현재 레이어에 그려진 영역을 따라 선택 영역이 만들어 집니다.

2 메뉴에서 Edit(편집) → Stroke(획)를 선택하면 Stroke(획) 창이 뜨는데, 안쪽으로 1픽셀 두께의 Stroke(획)를 그리도록 Width(폭)를 1픽셀, Location(위치)을 Inside(안쪽)로 설정하고 OK를 누릅 니다.

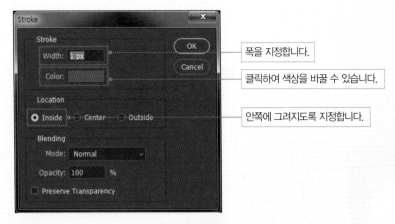

폭을 지정합니다.

클릭하여 색상을 바꿀 수 있습니다.

안쪽에 그려지도록 지정합니다.

3 외곽선이 그려지면 Ctrl + D 로 선택 영역을 해제합니다.

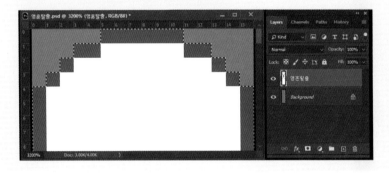

05 연필로 깜짝 놀란 눈과 입을 귀엽게 그려 넣습니다. 혀와 손에는 분홍색(#cf75e2)을 사용했습니다.

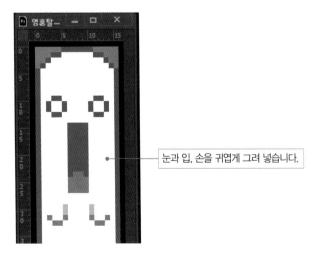

눈과 입, 손을 귀엽게 그려 넣습니다.

06 다음 그림처럼 영혼은 끝으로 갈수록 투명합니다. 포토샵의 마스크 기능을 활용하면 서서히 투명해지게 만들 수 있습니다.

07 '영혼탈출' 레이어를 선택한 뒤 레이어 패널에서 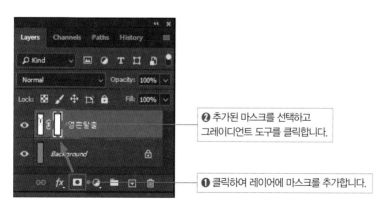 Add Layer Mask(레이어 마스크 추가) 아이콘을 클릭합니다. 레이어에 마스크를 추가하면 다음과 같이 레이어의 썸네일 모양이 달라집니다.

❷ 추가된 마스크를 선택하고 그레이디언트 도구를 클릭합니다.

❶ 클릭하여 레이어에 마스크를 추가합니다.

08 오른쪽에 추가된 레이어 마스크를 선택하고 ▣ 그레이디언트 도구(Gradient Tool)를 클릭합니다.

09 마우스로 아래에서 위로 드래그합니다.

썸네일 투명/불투명

혹시 그레이디언트를 넣었을 때 끝부분이 투명해지지 않는다면 ■ 그레이디언트 도구(Gradient Tool)의 옵
션 패널을 확인해보세요. 그레이디언트 썸네일이 불투명하다면 그레이디언트 썸네일을 클릭한 뒤 Gradient
Editor(그레이디언트 편집기) 창에서 투명하게 바꾸고 다시 드래그하면 됩니다.

클릭하여 썸네일을 투명하게 만듭니다.

10 이제 Background(배경) 레이어를 보이지 않게 한 뒤 원하는 비율로 확대하고 *.png로
저장하여 게임 리소스로 사용하면 됩니다.

7.12 타이틀 UI 제작

타이틀 화면은 게임의 첫 인상입니다. 게임 제목은 프로젝트 초기에는 가제로 시작해서 마지막 단계에 확정되는 경우가 많습니다. 그래서 타이틀과 게임 로고는 가장 마지막에 작업합니다. 타이틀용 일러스트를 따로 그리기도 하지만 이번에는 기존의 게임 리소스를 최대한 활용하는 방법으로 제작하겠습니다.

지금부터 타이틀 화면에 쓰일 게임 로고와 배경을 만들겠습니다.

7.12.1 게임 로고

이 게임의 제목은 해피 코기[Happy Corgi]입니다. 행복한 강아지라는 느낌을 주는 귀여운 로고가 어울릴 것 같습니다.

게임 로고 작업은 텍스트를 가공해서 만들 수 있습니다. 게임 로고 텍스트는 배달의 민족 주아체를 사용할 것입니다. woowahan.com/#/fonts/jua에서 폰트를 다운로드하고 설치하세요. 설치한 폰트를 포토샵에서 사용하려면 포토샵을 종료하고 재시작해야 합니다.

NOTE_ **폰트를 설치하는 방법**
- 윈도우가 설치된 폴더의 font 폴더에 *.ttf 파일을 복사합니다.
- 다운로드한 폰트(*.ttf)를 마우스 오른쪽 클릭하고 '설치'를 선택합니다.

01 220×110의 새 캔버스를 만들고 '로고.psd'로 저장합니다.

02 작업 편의상 Background(배경) 레이어를 녹색(#249200)으로 채우겠습니다.

03 도구 패널에서 ⬛ 수평 문자 도구(Horizontal Typing Tool)를 선택한 뒤 배달의 민족 주아체 30pt, 글자색은 노란색(#ffb600), 가운데 정렬로 HAPPY CORGI라는 텍스트를 입력합니다. 만약 입력한 텍스트가 살짝 번져 보이면 옵션 패널에서 'None'으로 바꿔주세요.

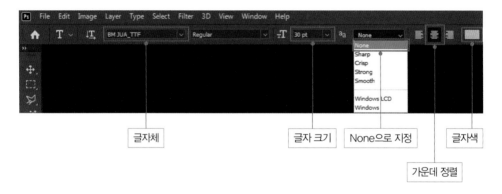

글자체 / 글자 크기 / None으로 지정 / 글자색 / 가운데 정렬

04 옵션 패널 오른쪽 끝에 있는 🔲 문자 및 단락 패널 켜기/끄기(Toggle the Character and Paragraph Panels) 아이콘을 클릭합니다.

클릭합니다.

Character(문자) 창이 나타나면 자간을 200으로 지정하고, 볼드체를 선택합니다.

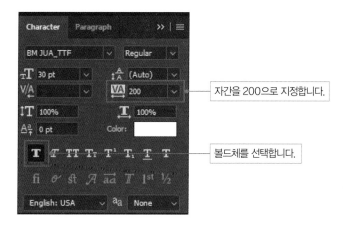

자간을 200으로 지정합니다.

볼드체를 선택합니다.

05 이렇게 2가지 설정을 변경하면 글자가 두꺼워지고 글자 간격이 넓어집니다.

06 지금부터 이 텍스트를 이미지처럼 편집할 겁니다. 레이어 이름 위에서 마우스 오른쪽 클릭한 뒤 단축 메뉴에서 Rasterize Type(문자 레스터화)을 선택하면 이미지처럼 가공할 수 있게됩니다.

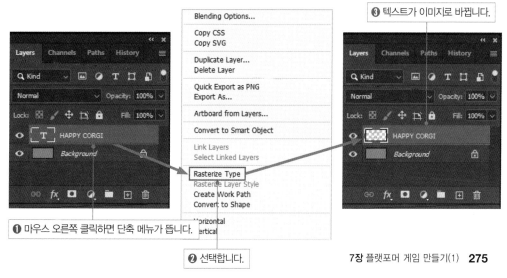

❸ 텍스트가 이미지로 바뀝니다.

❶ 마우스 오른쪽 클릭하면 단축 메뉴가 뜹니다.

❷ 선택합니다.

텍스트와 이미지의 차이

다음 레이어 창에서 위에 있는 레이어는 이미지, 아래에 있는 레이어는 텍스트입니다.

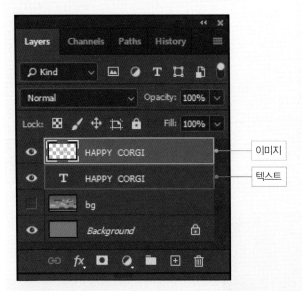

레이어 썸네일에 **T** 표시가 있을 때는 키보드로 글자를 바꾸는 수정을 할 수 있습니다. 하지만 글자 위에 그림을 그리거나 획을 수정하는 등의 일은 할 수 없습니다. 그래서 텍스트를 이미지로 바꾸기 위해 래스터화(Rasterize)하는 것입니다.

07 이번에는 로고를 좀 더 입체적으로 만들겠습니다. 'HAPPY CORGI' 레이어를 복제하고, 아래에 있는 레이어를 비스듬히 겹쳐서 글자에 입체감을 줄 것입니다.

역할을 알아보기 쉽도록 위에 있는 레이어의 이름을 '글자', 아래에 있는 레이어의 이름을 '그림자'로 바꿉니다.

HAPPY CORGI 레이어를 복제한 뒤
레이어의 이름을 각각 '글자'와 '그림자'로 바꿉니다.

08 '그림자' 레이어를 선택한 상태에서 ▨ 투명 픽셀 잠그기 아이콘을 클릭해 '그림자' 레이어에 Lock을 걸고, 전경색을 진한 분홍색(#b62455)으로 바꾼 뒤 Alt + Delete 를 눌러 '그림자' 레이어의 글자를 전경색으로 채워 넣습니다.

❶ 투명 픽셀 잠그기 아이콘을 클릭합니다.

❷ 전경색을 바꿉니다.

❸ Alt + Delete 를 눌러 글자를 전경색으로 채워 넣습니다.

09 '그림자' 레이어를 오른쪽으로 2픽셀, 아래쪽으로 2픽셀 이동시킵니다. '그림자' 레이어를 복제하고 비스듬히 이동시키는 과정을 반복할수록 더욱 입체적인 글자가 됩니다.

10 Shift 키를 누르고 여러 개의 그림자 레이어를 선택합니다. 마우스 오른쪽 클릭 후 '레이어 병합'을 선택하여 그림자 레이어를 하나로 합칩니다.

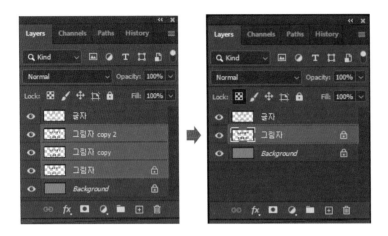

11 '그림자' 레이어를 선택하고 명암을 넣습니다. 전경색을 자주색(#861b48)으로 바꾸고, 어두운 부분을 연필로 꼼꼼히 칠해주세요. 만약 글자에 각진 부분이 있으면 레이어의 Lock을 잠시 해제하고 모양을 다듬어주세요.

12 '글자' 레이어를 선택하고 각 글자 왼쪽 위에 흰색의 하이라이트를 넣습니다.

13 '글자' 레이어와 '그림자' 레이어를 하나로 합칩니다. 지금부터 여기에 외곽선을 그려 줄 것입니다.

14 전경색을 검정색으로 바꾸고 메뉴에서 Edit(편집) → Stroke(획)를 선택하고 Outside(바깥쪽)에 2픽셀 두께의 선을 그려주세요.

폭을 지정합니다.

여기에서도 전경색을 지정할 수 있습니다.

바깥쪽으로 선을 그립니다.

15 전경색을 흰색으로 바꾸고 다시 한 번 Edit(편집) → Stroke(획)를 선택하고 Outside(바깥쪽)에 2픽셀 두께의 선을 그려주세요.

16 글자만 있으니 심심해 보입니다. 잠시 주인공 강아지를 등장시키겠습니다. 강아지를 드래그하여 불러옵니다.

17 강아지에도 글자처럼 흰색의 외곽선을 넣어주세요. 메뉴에서 Edit(편집) → Stroke(획)을 선택하고 바깥쪽으로 1픽셀을 넣어주세요.

18 글자 크기에 비해 강아지가 너무 작습니다. Free Transform(자유 변형) 기능을 이용하여 강아지를 200%로 확대시키겠습니다. 메뉴에서 Edit(편집) → Free Transform(자유 변형)을 선택하고 옵션 패널에서 W와 H를 200%로 변경합니다.

확대했을 때 픽셀이 깨지지 않게 하려면 Interpolation(보간) 옵션을 Nearest Neighbor(최단입점)로 지정합니다.

클릭되어 있으면 W와 H가 동일하게 지정됩니다.

W와 H를 200%로 변경합니다.

Interpolation 옵션을 Nearest Neighbor로 지정합니다.

19 강아지와 글자가 겹치지 않도록 ▣ 사각형 선택 윤곽 도구와 ✛ 이동 도구를 이용하여 'HAPPY' 글자를 적당히 이동시키고 로고를 완성합니다.

20 Background(배경) 레이어의 눈 아이콘을 클릭해서 배경을 투명하게 바꾸고, 원하는 비율로 확대한 후 *.png로 저장합니다.

여기서는 '로고.png'로 저장하겠습니다.

▶ 로고.png

7.12.2 타이틀 배경

게임 로고를 올려놓을 타이틀 배경을 만들겠습니다.

01 384×216 크기의 새 캔버스를 만들고 '타이틀.psd'로 저장합니다. 앞서 저장한 '스테이지.psd' 파일을 불러와도 됩니다.

02 앞서 만든 '타일세트.psd'에서 타일을 드래그하여 다음과 같이 붙이세요. 하늘과 구름도 붙입니다.

다음은 앞서 만든 타일세트입니다.

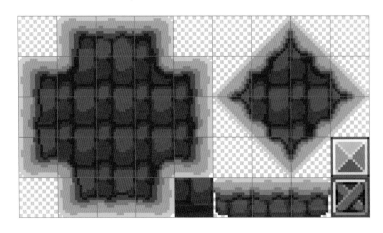

7.12.3 완성

타이틀 배경에 게임 로고를 올려놓겠습니다.

01 앞서 저장한 '로고.png'를 타이틀 배경 위로 드래그하여 올려주세요.

02 강아지 몇 마리 뛰어다니게 하면 타이틀 UI가 완성됩니다.

7.13 엔딩

모든 게임은 언젠가 끝납니다. 강아지가 햄버거를 발견하면 해피 엔딩, 죽으면 배드 엔딩입니다.

7.13.1 해피 엔딩

먼저 해피 엔딩 이미지를 만들어봅시다.

강아지 얼굴 제작

강아지 얼굴을 그리기 위해 강아지 얼굴 정면 사진을 구합니다.

01 32×32 캔버스를 만든 뒤 새 레이어를 추가합니다. 작업 편의상 Background(배경) 레이어의 색은 녹색(#249200)으로 채우겠습니다.

02 24×24의 원을 그립니다. 강아지의 얼굴이 될 것입니다.

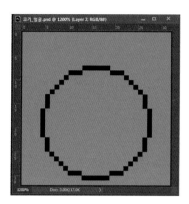

03 얼굴에 눈, 코, 입을 그려 넣습니다. 대략적인 위치만 정합니다.

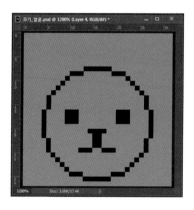

04 강아지에 양쪽 귀를 달아줍니다.

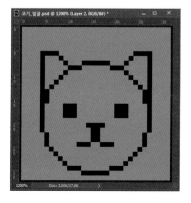

05 흰색으로 얼굴을 채웁니다.

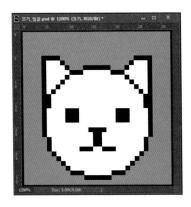

06 베이지색(#db9255)으로 무늬를 그립니다.

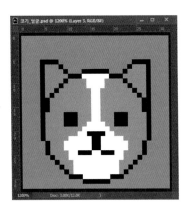

07 명암을 넣을 때는 빛은 위에서 아래로 비추고 있다고 가정합니다. 약간 어두운 베이지색
(#b66d55)으로 강아지 얼굴에 전체적인 양감을 잡습니다.

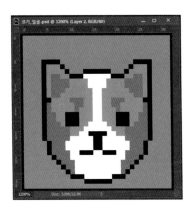

08 전경색을 와인색(#924955)으로 바꾸고,  연필 도구로 좀 더 정교하게 묘사합니다. 이때 검정색 외곽선은 튀어 보일 수 있으니 외곽선을 와인색으로 바꿉니다.

09 혀를 내밀어 귀엽게 만듭니다. 혀의 테두리색은 #b62455, 안쪽 색은 #db4955입니다.

10 베이지색 무늬와 흰색의 경계가 부드럽게 이어질 수 있도록 중간색으로 노란색(#ffb655)을 넣습니다. 주둥이 부분도 중간색을 넣어서 부드럽게 보정합니다. 가장 어두운 부분인 머리 아래쪽 외곽선은 보라색(#4e2d37)을 칠합니다.

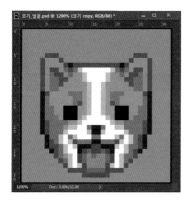

11 눈과 혀가 촉촉해 보이도록 광택을 넣고, 강아지 얼굴 작업을 마무리합니다.

해피 엔딩 배경 제작

해피 엔딩용 배경을 제작하겠습니다.

01 384×216의 새 캔버스를 만들고 '해피 엔딩.psd'로 저장합니다.

02 강아지 얼굴과 햄버거를 드래그하여 불러옵니다.

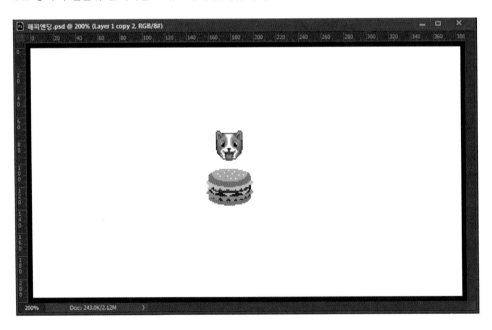

03 원본 그대로 불러오니 크기가 너무 작습니다. 강아지와 햄버거를 각각 200% 확대합니다.

04 햄버거를 먹기 위해 모험을 떠난 강아지입니다. 아무래도 한 개로는 양이 안 찰 것 같습니다. 햄버거를 2개 더 복제하여 위치를 옮깁니다. 햄버거 레이어 위에 새 레이어를 추가하고, 강아지 손을 그려줍니다. 강아지 목 아랫부분도 그려주면 좋겠군요.

05 레이어가 여러 개 겹쳐 있을 때는 가장 위에 있는 레이어부터 보입니다. 그러므로 강아지의 손과 얼굴은 레이어를 따로 만드는 게 좋습니다. 손이 햄버거에 가려지지 않으려면 손 레이어가 가장 위에 있어야 합니다. 강아지의 얼굴은 햄버거에 살짝 가려져야 하기 때문에 햄버거 레이어보다 아래에 있어야 합니다.

레이어를 분리하는 방법

만일 강아지의 손과 얼굴을 같은 레이어에 그렸을 경우 레이어를 분리하는 방법이 있습니다. 분리하고 싶은 영역을 ▣ 사각형 선택 윤곽 도구로 선택하고 마우스 오른쪽 클릭한 뒤 Layer Via Cut(오린 레이어)을 선택하면 됩니다.

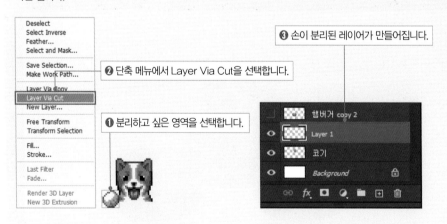

❸ 손이 분리된 레이어가 만들어집니다.

❷ 단축 메뉴에서 Layer Via Cut을 선택합니다.

❶ 분리하고 싶은 영역을 선택합니다.

이제 분리된 Layer 1(손이 그려진 레이어)을 가장 위로 올리고 이름을 지정하면 됩니다.

06 시선이 가운데로 집중되도록 밖에서 안으로 갈수록 밝아지는 동심원의 배경을 그려봅시다. 먼저 가장 어두운 곳인 Background(배경) 레이어를 분홍색(#e97d6b)으로 채워주세요.

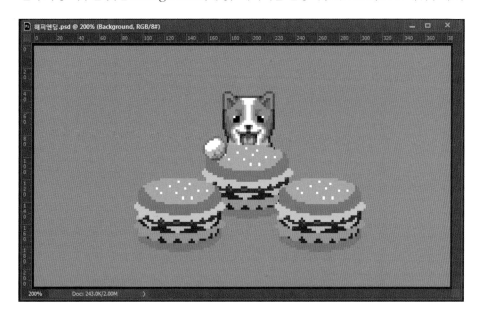

07 전경색을 베이지색(#f2b461)로 바꾸고, 🖊️ 연필 도구로 한가운데에 베이지색 원을 그립니다. 원을 그릴 땐 ⭕ 원형 선택 윤곽 도구를 사용해도 좋고, 연필 크기를 늘려서 한 번에 찍어도 좋습니다.

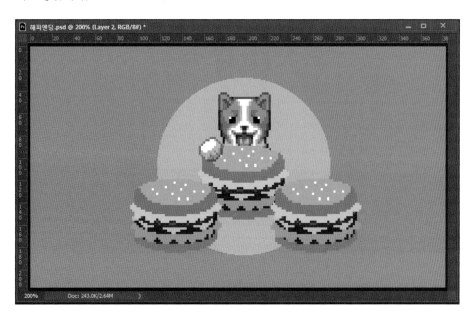

08 전경색을 좀 더 밝은 색(#f2d361)으로 바꾸고, 중심이 같지만 약간 작은 원을 그립니다.

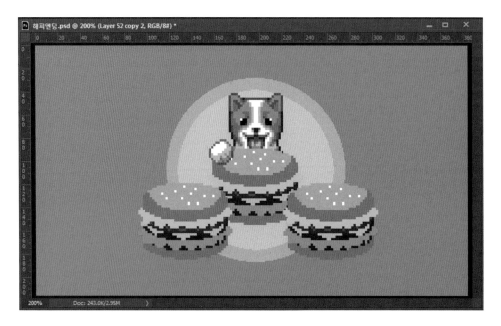

09 마지막으로 전경색을 흰색으로 바꾸고, 작은 원을 그리면 해피 엔딩이 완성됩니다.

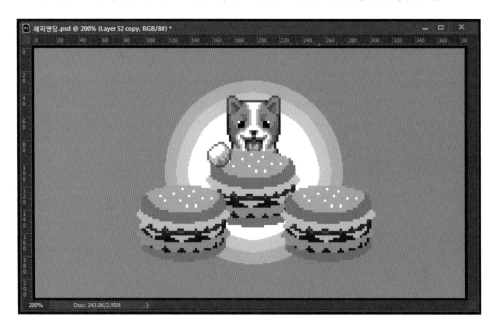

10 원하는 비율로 확대하고 *.png로 저장하면 됩니다.

7.13.2 배드 엔딩

강아지가 사망해 게임오버되었을 때 나오는 배드 엔딩도 작성해야 합니다. 지금까지 잘 따라했다면 만들기 쉬울 겁니다. 이것과 다른 자신만의 엔딩 장면을 구상해도 좋습니다. 384×216 캔버스에 직접 만들어보기 바랍니다.

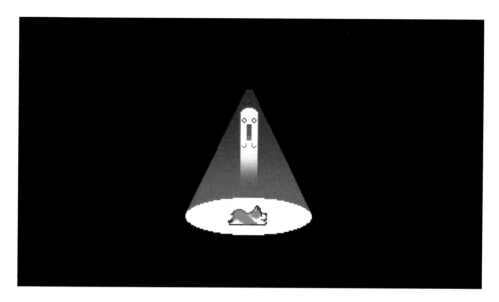

7.14 요점 정리

지금까지 플랫포머 게임인 해피 코기를 만들어보았습니다. 해피 코기는 가장 기본적인 플랫포머 게임입니다. 이 장에선 캐릭터, 배경, UI 등 게임에 필요한 기본 요소를 모두 만들었습니다. 타일 방식의 플랫포머 게임은 대부분 비슷한 구조를 가지고 있습니다. 이 장을 제대로 익혔다면 다른 플랫포머 게임을 플레이할 때도 평소와 다른 눈으로 볼 수 있을 것이라 생각합니다. 예를 들어 게임을 하는데 자꾸 디일 패턴이 눈에 보인다거나 캐릭터가 몇 프레임인지 유심히 세어보게 될 수도 있습니다. 이제 여러분의 플랫포머 게임을 만들어보기 바랍니다.

플랫포머 게임 만들기(2)

이 장에서는 해피 코기 게임을 업그레이드합니다. 인간 주인공이 생겼고, 모바일에서도 플레이할 수 있도록 좌우 방향 버튼, 점프 버튼, 일시 정지 버튼을 추가하겠습니다.

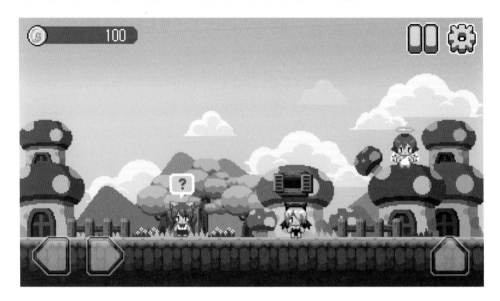

게임을 만드는 데 필요한 리소스는 다음과 같습니다.

- 캐릭터 : 대기, 걷기, 점프, 죽음
- 배경 : 하늘, 구름, 바닥 타일, 먼 산, 나무, 집, 꽃과 수풀, 울타리 등
- UI : 좌우 방향 버튼, 점프 버튼, 일시 정지 버튼, 환경 설정 버튼 등

8.1 캔버스와 캐릭터 크기 정하기

먼저 캔버스 크기부터 정합니다. 이번에도 최종 해상도(1920×1080)를 20%로 축소한 384×216에서 그리겠습니다. 이를 마지막에 500% 확대하여 다시 최종 해상도(1920×1080)로 만듭니다. 캔버스 위에 32×32의 캐릭터를 올려보면 대략 다음 정도의 크기가 됩니다.

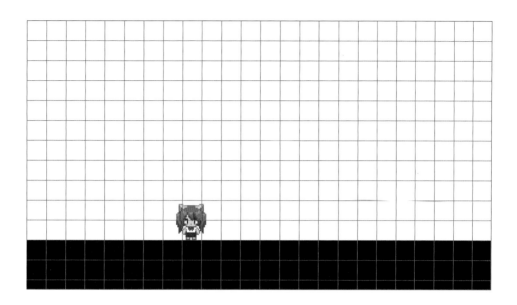

01 384×216의 새 캔버스를 만들고 '스테이지.psd'로 저장합니다.

캔버스 크기와 해상도

02 그리드 간격을 16픽셀로 세팅하고, 잠시 그리드를 보이게 합니다. 그리드 세팅 방법은 1장을 참조하세요.

03 이제부터 버섯마을을 만들 겁니다. 바닥 타일과 하늘, 구름, 캐릭터를 스테이지 위로 드래그합니다.

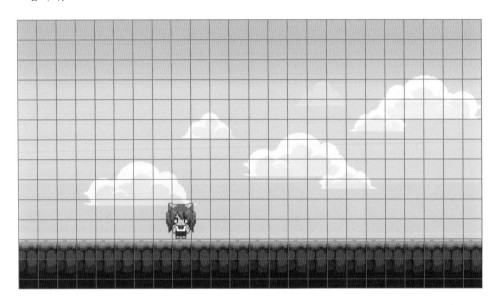

04 검정색 사각형(64×64)을 버섯집이라고 가정하고, 버섯집의 대략적인 크기를 봅시다. 캐릭터를 옆에 놓고 비교했을 때 이 정도면 적당하겠네요.

TIP 이 단계에서는 대략적인 크기만 알면 됩니다. 그리다가 언제든 공간이 모자라면 필요한 만큼 늘릴 수 있고, 남으면 잘라낼 수 있으니 완전히 정확하지 않아도 됩니다.

8.2 캐릭터 만들기

사람을 그리는 것 또한 기본 도형의 조합으로 시작합니다. 단순하게 기본 도형의 조합으로 생각하고 조금씩 다듬어나가면 됩니다.

NOTE_ **참고 자료 수집**

구글(google.com)이나 핀터레스트(pinterest.co.kr) 등에서 캐릭터 디자인에 참고할만한 자료를 수집할 수 있습니다. 캐릭터를 그리기 전에 참고 자료를 많이 찾아보세요.

8.2.1 기본형 만들기

지금부터 캐릭터의 기본형을 만들겠습니다.

01 캐릭터를 그릴 32×32 크기의 새 캔버스를 만듭니다. 파일명은 알아보기 쉽게 '캐릭터_기본형.psd'로 지정합니다.

02 새 레이어를 추가하고, 레이어 이름을 '기본몸'으로 변경합니다.

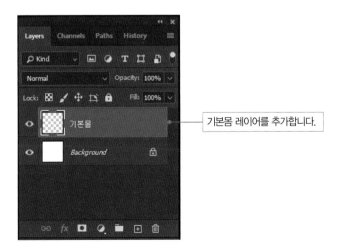

기본몸 레이어를 추가합니다.

03  원형 선택 윤곽 도구를 선택합니다.

04 원형 선택 윤곽 도구 옵션 패널에서 Anti-alias(앤티 앨리어스)를 체크 해제합니다.

Anti-alias를 체크 해제합니다.

05 기본 도형을 먼저 그리고 조금씩 모양을 다듬어나가는 게 그리기 한결 편합니다. 지금부터 캐릭터의 머리를 그릴 것입니다.  원형 선택 윤곽 도구로 19×19의 선택 영역을 만드세요. Shift 키를 누르면서 드래그하면 완전히 동그란 영역을 선택할 수 있습니다.

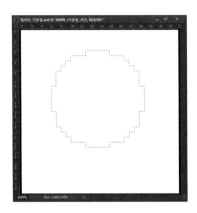

06 메뉴에서 Edit(편집) → Stroke(획)를 선택하면 나타나는 Stroke(획) 창에서 Width (폭)를 1픽셀로 하고, 선택 영역 안쪽으로 그려질 수 있도록 Location(위치)을 Inside(안쪽) 로 설정하고 OK를 누릅니다.

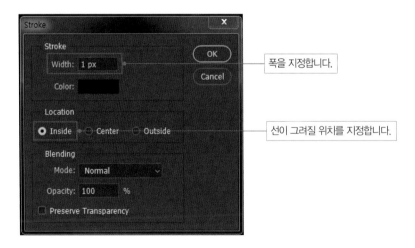

폭을 지정합니다.

선이 그려질 위치를 지정합니다.

07 선이 그려졌습니다. Ctrl + D 를 눌러 선택 영역을 해제합니다.

08 1픽셀 간격의 격자를 띄워보면 다음과 같습니다.

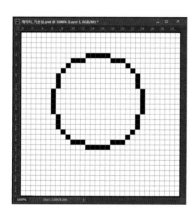

09 눈과 입을 그립니다. 이때 눈은 머리 중간 아래부터 시작합니다. 마치 귀여운 아기의 얼굴처럼 이마를 넓게, 눈을 크게 그립니다. 그릴 공간이 부족하니 코는 생략하는 게 좋습니다.

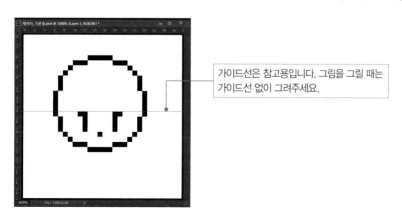

가이드선은 참고용입니다. 그림을 그릴 때는 가이드선 없이 그려주세요.

10 사람 머리는 완전한 동그라미가 아닙니다. 연필과 지우개로 얼굴을 살짝 다듬으세요.

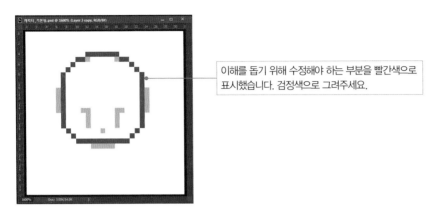

이해를 돕기 위해 수정해야 하는 부분을 빨간색으로 표시했습니다. 검정색으로 그려주세요.

11 이제 귀를 그릴 차례입니다. 귀는 눈썹 높이에서 시작하여 입까지 이어집니다. 양쪽 귀를 그리고, 턱선도 살짝 다듬으세요.

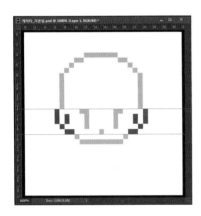

12 이번에는 몸을 만듭니다. [image] 사각형 선택 윤곽 도구로 9×11을 선택합니다.

몸을 그릴 영역을 선택합니다.

13 얼굴 그릴 때와 마찬가지로 메뉴에서 Edit(편집) → Stroke(획)를 선택하면 나타나는 Stroke(획) 창에서 Width(폭)를 1픽셀로 하고, 선택 영역 안쪽으로 그려질 수 있도록 Location(위치)을 Inside(안쪽)로 설정하고 OK를 누릅니다.

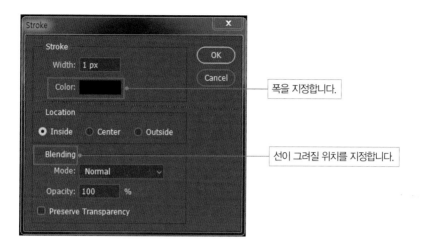

폭을 지정합니다.

선이 그려질 위치를 지정합니다.

14 선을 그린 다음에는 Ctrl + D 를 눌러 선택 영역을 해제합니다.

15 연필과 지우개를 이용해서 두 다리를 만듭니다.

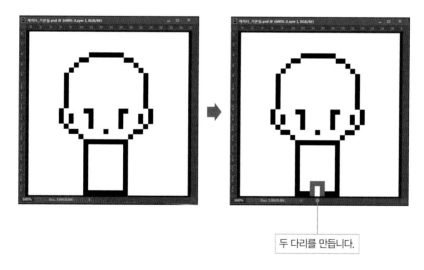

두 다리를 만듭니다.

16 이제 팔만 만들면 됩니다. 팔은 4×7 크기입니다. 이 공간 안에 비스듬히 내린 팔을 연필과 지우개로 그려주세요. 이때 팔과 몸통은 연결되므로 어깨에 그려져 있던 선은 지워야 합니다.

▨ 사각형 선택 윤곽 도구를 사용하지 않고 연필로 바로 그려도 됩니다.

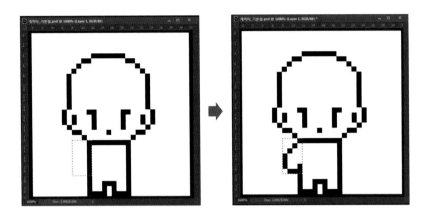

17 사람의 몸은 대칭입니다. 반대쪽 팔도 같은 방법으로 그리세요.

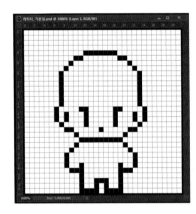

18 기본 도형을 이용하여 캐릭터를 스케치했습니다.

NOTE_ 지금까지 한 작업을 '캐릭터_기본형_러프.psd'라는 파일로 따로 저장해두세요. 이 파일은 애니메이션을 만들 때 기본형으로 사용할 것입니다.

19 캐릭터에 색상을 입히기 전에 캔버스의 배경색을 바꾸겠습니다. 흰색 대신 눈이 편안한 색으로 선택하면 됩니다. 여기서는 편의상 녹색(#249200)으로 가득 채우겠습니다.

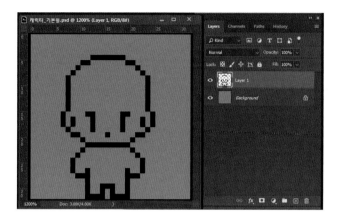

20 이제 피부색을 칠할 차례입니다. 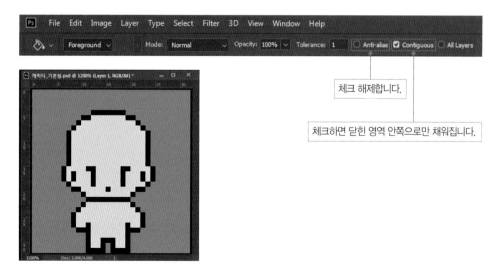 페인트 통 도구로 몸 전체를 피부색(#ffdbaa)으로 채웁니다. 이때 페인트 통 도구 옵션 패널에서 Contiguous(연속) 옵션을 체크하면 닫힌 영역 안쪽으로만 채워집니다. 도트 작업을 할 땐 항상 Anti-alias(앤티 앨리어스) 옵션을 체크 해제 하는 것도 잊지 마세요.

체크 해제합니다.

체크하면 닫힌 영역 안쪽으로만 채워집니다.

21 스케치했던 검정색 선을 모두 어두운 피부색(#db6d55)으로 칠해주세요.

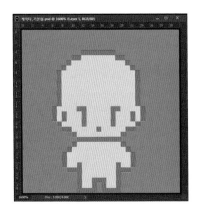

22 피부에 명암을 넣습니다. 명암을 표현할 때는 다음 두 가지를 기억해두세요. 빛은 위에서 아래로 비춥니다. 그리고 같은 색이라도 튀어나온 부분은 밝게, 들어간 부분은 어둡게 표현합니다.

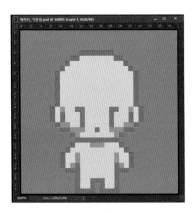

23 마지막으로 눈을 그립니다. 짙은 갈색(#6d2400)으로 눈매를 그리고, 눈매 옆에 흰자위(#ffffff)를 그립니다. 그리고 흰자위 윗부분에 밝은 회색(#b6b6aa)을 칠합니다.

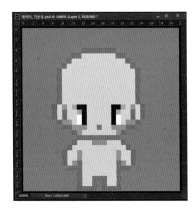

24 지금까지 작업한 캐릭터를 '캐릭터_기본형_알몸.psd'로 따로 저장해둡니다.

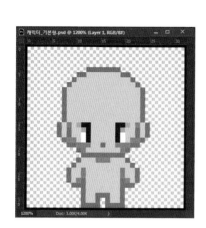 

25 캐릭터 기본형이 완성되었습니다. 파트별로 조합할지 여부에 따라 캐릭터에 옷이 입혀진 채로 리소스를 저장할 수도 있고, 옷만 따로 저장할 수도 있습니다. 마지막으로 원하는 비율로 도트를 확대하고 *.png로 저장하면 됩니다.

8.2.2 캐릭터 디자인하기

지금부터 양갈래로 묶은 귀여운 소녀 캐릭터를 만들겠습니다.

01 새 레이어를 만들고, 레이어의 이름을 '옷'으로 바꿉니다.

02 머리카락 형태를 스케치합니다. 몸보다 살짝 크게 그리면 됩니다.

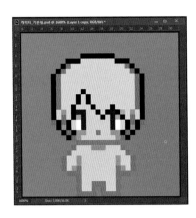

03 한쪽 묶은 머리카락을 그립니다. 반대쪽 묶은 머리카락은 직접 그려도 되지만 좌우대칭을
위해 묶은 머리카락 부분을 복사하여 좌우 반전하겠습니다.

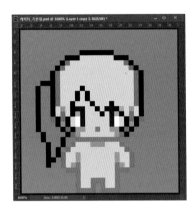

04 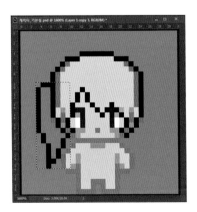 사각형 선택 윤곽 도구로 묶은 머리카락 크기(4×17)만큼 선택 영역을 잡습니다.

05 마우스 오른쪽 클릭하고 단축 메뉴에서 Layer Via Copy (복사한 레이어)를 선택합니다.

06 '옷' 레이어 위에 한쪽 묶은 머리카락 부분만 그려진 레이어가 복사되었습니다. 좌우 반전을 하기 위해 메뉴에서 Edit (편집) → Transform (변형) → Flip Horizontal (가로로 뒤집기)을 선택합니다.

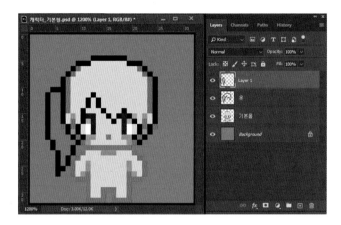

07 좌우 반전되면서 오른쪽 묶은 머리카락이 왼쪽 묶은 머리카락 위에 겹칩니다. ✥ 이동 도구(Move Tool)로 묶은 머리카락을 오른쪽으로 옮깁니다.

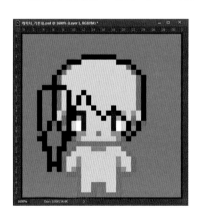 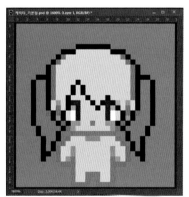

08 두 레이어를 합치기 위해 'Layer 1' 레이어에서 마우스 오른쪽 버튼을 클릭한 뒤 단축 메뉴에서 Merge Down (아래 레이어와 병합)을 선택합니다. 단축키는 Ctrl + E 입니다.

TIP ▤ 단축 메뉴 아이콘을 클릭한 뒤 Merge Down (아래 레이어와 병합)을 선택해도 됩니다.

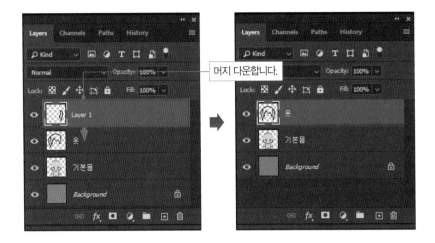

머지 다운합니다.

09 머리카락에 기본색(#db6d55)을 채웁니다.

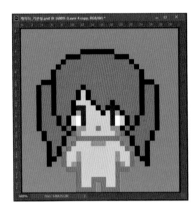

10 머리카락에 명암을 넣을 차례입니다. 빛은 위에서 비춥니다. 그러므로 머리카락의 아래쪽을 어둡게 칠합니다. 보라색 계열의 어두운 색(#924955)을 골랐습니다.

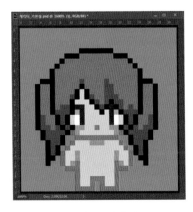

11 찰랑찰랑 윤기가 흐르는 머릿결을 표현하고 싶다면 머리카락에 하이라이트(#ff9255)를 넣으세요!

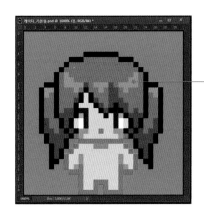

하이라이트를 넣습니다.

정수리를 기준으로 얇은 링을 그린다고 생각하면 이해하기 쉬울 겁니다. 머리카락 중에 가장 밝게 빛나는 부분이므로 채도를 좀 더 높여주는 게 좋습니다.

12 좀 더 귀엽게 고양이 귀를 달아보겠습니다.

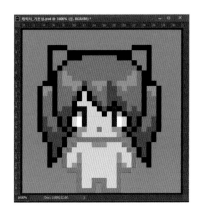

13 고양이 귀의 기본색은 피부색(#ffdbaa)과 같습니다. 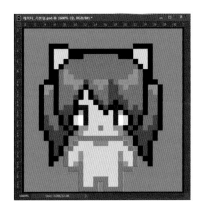 페인트 통 도구를 사용해서 고양이 귀를 피부색으로 칠합니다.

14 이제 외곽선을 검정색 대신 머리카락에 사용된 색상으로 덧칠합니다 이때 앞머리와 옆머리가 분리되어 보이도록 경계선에는 좀 더 어두운 색을 칠할 필요가 있습니다.

TIP 만약 레트로 감성의 그래픽을 원한다면 검정색 외곽선 그대로 두어도 됩니다.

가장 어두운 부분을 어두운 보라색(#6d2455)으로 칠합니다.

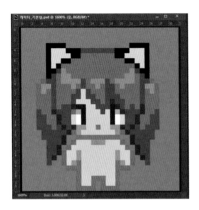

15 고양이 귀의 외곽선을 분홍색(#ff92aa)으로 바꿉니다.

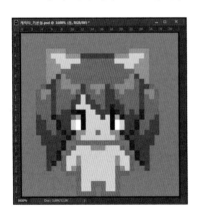

16 고양이 귀가 살짝 보라색 느낌이 나도록 외곽선을 밝은 보라색(#b649aa)으로 덧칠합니다. 이렇게 한 단계씩 밝고 어두움을 묘사하면 작지만 형태가 또렷하게 잘 보이는 도트 캐릭터가 됩니다.

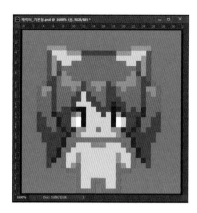

17 이제 옷을 입힙니다. 스커트는 남색(#494955), 리본은 빨간색(#ff2455)입니다.

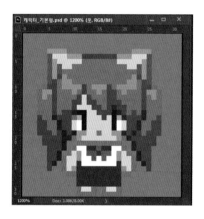

몸과 옷을 따로 그리는 이유

게임에서는 옷을 갈아 입혀야 할 경우가 종종 생깁니다. 매번 처음부터 새로 그리는 것보다 처음부터 기본몸과 옷을 따로 그려두는 것이 작업을 할 때 수월합니다. 캐릭터 애니메이션에서도 마찬가지입니다. 대기, 걷기, 베기 등 애니메이션에 대한 기본몸을 먼저 만들고 그 후에 옷을 따로 입힙니다.

8.2.3 다양한 코스튬 디자인

캐릭터 기본형 위에 다양한 옷을 직접 디자인하여 입혀보세요.

8.3 대기 애니메이션

대기 애니메이션을 만들겠습니다. 제자리에서 숨을 쉬고 있는 모습을 표현하면 됩니다.

01 앞서 저장해두었던 '캐릭터_기본형_알몸.psd'를 불러옵니다.

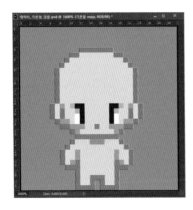

02 2프레임으로 대기 동작을 만들 것입니다. 먼저 '기본몸' 레이어를 복제합니다.

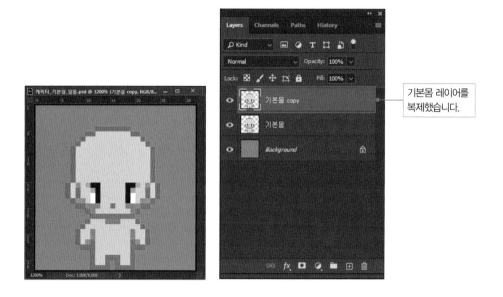

기본몸 레이어를
복제했습니다.

03 '기본몸 copy' 레이어를 '기본몸2' 로 이름을 바꿉니다. 잠시 아래에 있는 '기본몸' 레이어를
보이지 않게 하고, '기본몸2' 레이어가 선택된 상태에서 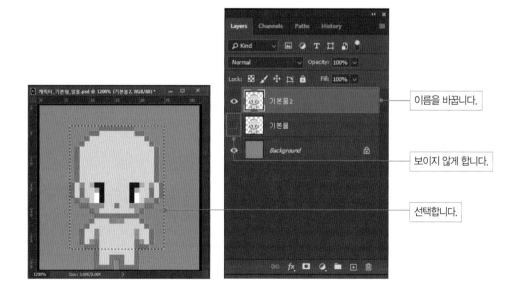 사각형 선택 윤곽 도구로 상체를 선
택합니다.

이름을 바꿉니다.

보이지 않게 합니다.

선택합니다.

04 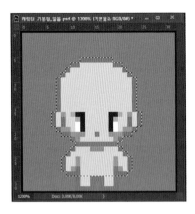 이동 도구(Move Tool)를 선택한 뒤 아래 방향키를 이용해서 1픽셀 내리고 선택 영역을 해제합니다.

05 메뉴에서 Window(창) → Timeline(타임라인)을 선택하면 Timeline(타임라인) 창이 뜹니다. 가운데에 있는 Create Video Timeline(비디오 타임라인 만들기)을 클릭합니다.

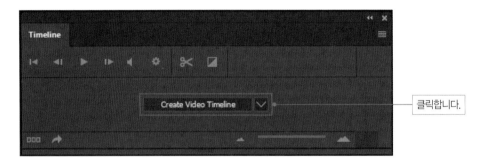

06 타임라인 창의 왼쪽 아래에 있는 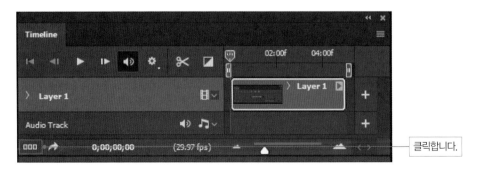 Convert to frame animation(프레임 애니메이션으로 변환)을 클릭합니다.

07 프레임별 재생 시간을 0.2초로 바꾸고, 재생 방식을 Forever(계속)로 바꿉니다.

08 애니메이션 프레임을 복제합니다. 1번 프레임에는 '기본몸' 레이어만, 2번 프레임에는 '기본몸2' 레이어만 보이도록 레이어 창에서 눈 아이콘을 설정합니다. 그리고 애니메이션을 재생시켜 동작을 확인합니다.

09 이해를 돕기 위해 두 프레임을 나란히 펼쳐보면 다음과 같습니다.

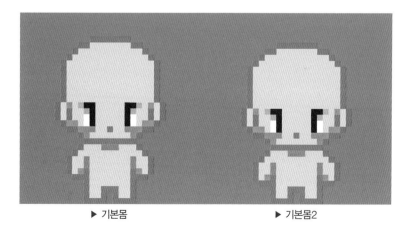

▶ 기본몸   ▶ 기본몸2

10 이제 새 레이어를 만들고, '기본몸2' 레이어에 맞는 옷을 그리면 됩니다.

▶ 기본몸　　　　　　　　　　　　▶ 기본몸2

11 마지막으로 메뉴에서 Image(이미지) → Image Size(이미지 크기)를 선택하여 원하는 비율로 확대한 후 리소스를 저장합니다.

지금까지 작업한 것을 두 종류의 파일로 저장해야 합니다.

- 실제 게임에서 리소스로 사용될 *.png 파일(프레임 수만큼)
- 애니메이션을 확인할 수 있는 *.gif 파일

*.png와 *.gif를 저장하는 방법은 동일합니다. 메뉴에서 File(파일) → Export(내보내기) → Save for web(legacy)(웹용으로 저장(레거시))를 선택한 뒤 파일 포맷을 *.png(게임 리소스) 또는 *.gif(움직이는 이미지)로 지정하고 저장하면 됩니다.

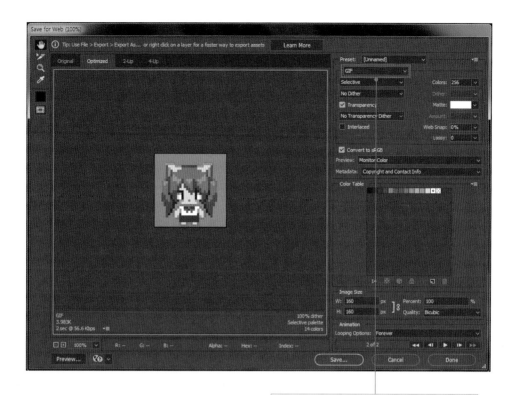

파일 포맷을 PNG 또는 GIF로 지정하고 저장합니다.

8.4 캐릭터 3면도 제작

캐릭터의 앞모습을 보고 옆모습과 뒷모습을 직접 제작하세요. 이번에도 캐릭터 기본형부터 만들어서 그 위에 옷을 입혀야 한다는 걸 잊지 마세요!

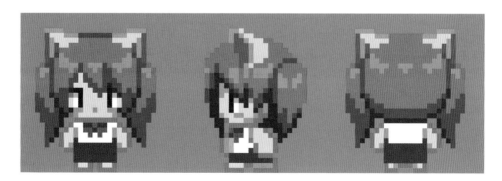

8.5 걷기 애니메이션

방향별 4프레임짜리 걷기 애니메이션을 만들어보세요. 걸을 때 양 옆의 머리카락도 살짝 움직여주면 더욱 좋습니다.

TIP 걷기 애니메이션에 대한 상세한 설명은 4장 '애니메이션'을 참조하세요.

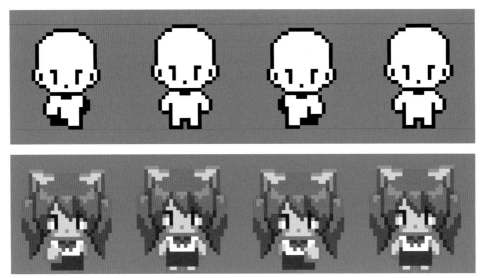

▶ 앞에서 본 걷기 애니메이션

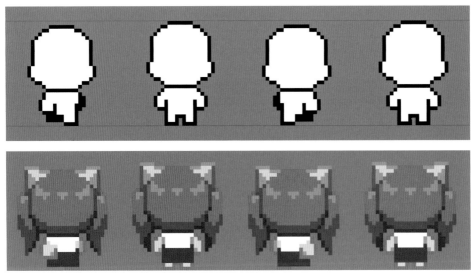

▶ 뒤에서 본 걷기 애니메이션

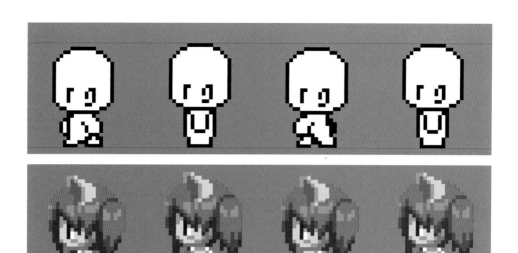

▶ 옆에서 본 걷기 애니메이션

8.6 점프, 죽는 동작

점프 동작과 죽는 동작도 직접 만들어보세요. 옆모습을 수정하면 쉽게 만들 수 있습니다. 필요하면 프레임을 더 추가해도 됩니다. 귀엽고 발랄하게 만들어보세요.

▶ 점프 동작

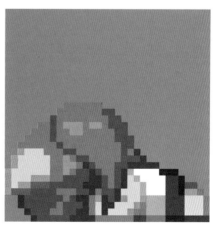

▶ 죽는 동작

8.7 레이어가 있는 플랫포머 게임

레이어를 여러 개 가진 게임도 타일 기반 플랫포머 게임에서 흔히 볼 수 있는 구조입니다.

위 게임 배경의 구조는 다음과 같습니다.

- **캐릭터가 밟고 다닐 수 있는 바닥**

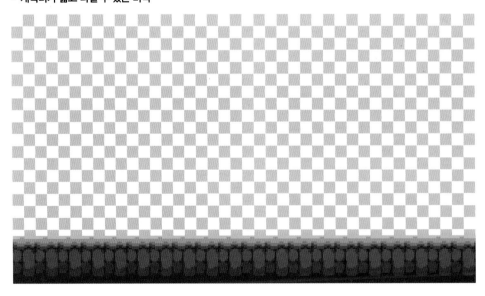

- 캐릭터가 지나가는 곳의 경치 : 근경(집, 나무, 울타리 등)

- 캐릭터가 지나가는 곳의 경치 : 원경(산, 구름)

- 하늘과 구름 그리고 바닥 타일은 '해피 코기'에서 다뤘으므로 그것을 가져와서 쓰겠습니다.

8.8 버섯마을 제작

버섯마을을 만들겠습니다.

01 64×64의 새 캔버스를 만들고 '버섯집.psd'로 저장합니다.

02 새 레이어를 추가합니다.

03 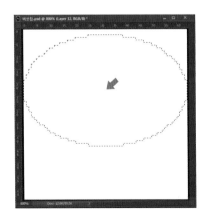 원형 선택 윤곽 도구로 타원의 선택 영역을 만듭니다. 이 타원은 버섯집의 지붕이 될 것입니다. 마우스를 화살표가 위치한 곳에 두고, Alt 키를 누른 채로 타원형으로 드래그하면 됩니다. 이때 옵션 패널에서 Style(스타일)이 Normal(표준)으로 되어 있어야 합니다. 이 타원의 크기는 64×42입니다.

04 전경색을 빨강(#d44034)으로 변경합니다.

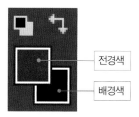

05 페인트 통 도구(Paint Bucket Tool)를 이용하여 선택 영역을 전경색으로 채웁니다.

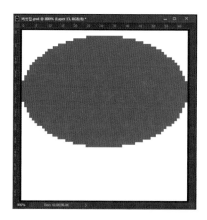

06 지붕의 밑부분을 둥글게 만드는 작업을 할 것입니다. 64×22 크기의 타원형 선택 영역을
만들고, 위치를 지붕 아래쪽으로 내린 다음 Delete 키를 누릅니다. Ctrl + D 를 눌러 선택 영
역을 해제합니다.

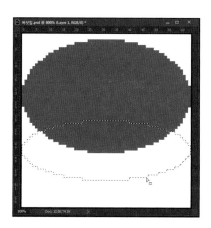
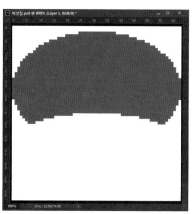

07 이번에는 지붕 밑부분에 들어갈 그림자를 만들겠습니다. 'Layer 1' 레이어를 복제합니다. 복제된 'Layer 1 copy' 레이어를 짙은 빨강(#980028)으로 채웁니다.

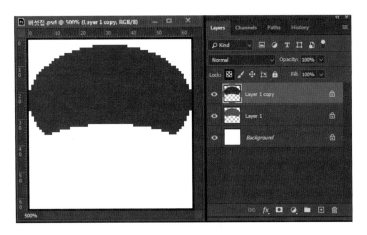

08 메뉴에서 Edit(편집) → Free Transform(자유 변형)을 선택한 뒤 옵션 패널에서 짙은 빨강 원의 세로 폭(H)만 50% 크기로 줄입니다.

클릭되어 있으면 W도 동일 크기로 확대/축소됩니다. | 세로 폭만 50% 크기로 줄입니다.

Interpolation을 Nearest Neighbor로 지정합니다.

TIP Interpolation(보간) 옵션이 Nearest Neighbor(최단입점)이면 크기를 줄여도 픽셀이 깨지지 않습니다.

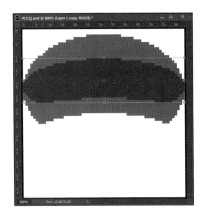

09 'Layer 1 copy' 레이어의 이미지를 아래로 이동시킵니다.

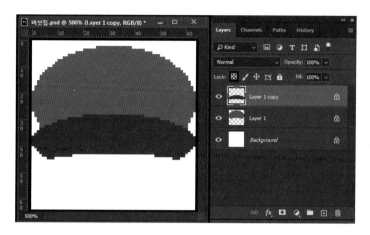

10 'Layer 1 copy' 레이어를 마우스 오른쪽 클릭하고 단축 메뉴에서 Create Clipping Mask(클리핑 마스크 만들기)를 선택합니다. 위에 있는 레이어를 아래 있는 레이어의 영역만큼만 보이게 하는 기능입니다.

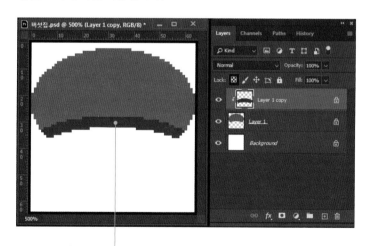

아래 있는 레이어의 영역만큼만 보입니다.

NOTE_ **클리핑 마스크**

실제로 지워지는 것은 아니고 잠시 가려진다고 생각하면 됩니다. 필요할 때 클리핑 마스크를 해제하면 다시 원래대로 돌아옵니다. 이것은 삭제(Delete)와 다른 개념입니다.

11 이번에는 집 본체를 만들 것입니다. 지붕(Layer 1) 아래에 새로 레이어(Layer 2)를 추가합니다.

12 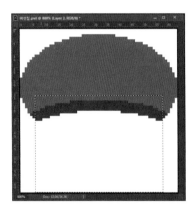 사각형 선택 윤곽 도구로 52×38의 선택 영역을 잡습니다.

13 사각형 영역에 밝은 베이지색(#e4d0ad)을 칠하고 선택 영역을 해제합니다.

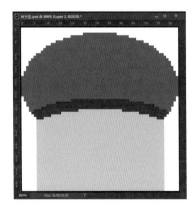

14 집 본체를 사다리꼴로 만들겠습니다. 메뉴에서 Edit(편집) → Transform(변형) → Perspective(원근)를 선택한 다음 위쪽을 좁게 조정하고 엔터를 치면 됩니다.

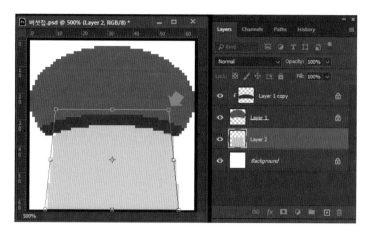

15 이제 나무로 된 문을 만들 차례입니다. 버섯 지붕과 집 본체 위에 새로 레이어(Layer 3)를 추가하고,  사각형 선택 윤곽 도구로 24×25의 선택 영역을 만듭니다. 그리고 황토색(#a06927)으로 채우고 선택 영역을 해제합니다. 이것은 문틀이 될 것입니다.

16 문틀 끝부분을 지우개로 둥글게 다듬습니다.

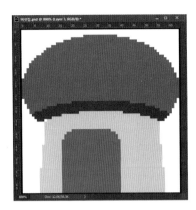

17 문틀의 안쪽으로 18×22의 사각형 선택 영역을 만듭니다. 이것은 문이 될 것입니다. 중간 황토색(#7e4110)을 칠하고 선택 영역을 해제합니다.

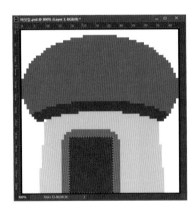

18 문 역시 테두리를 둥글게 연필로 다듬습니다.

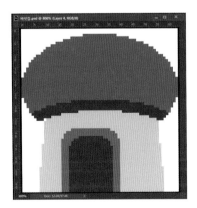

19 이제 문틀에 두께를 만들어줄 것입니다. 문틀의 안쪽에 어두운 황토색(#652908)을 칠합니다.

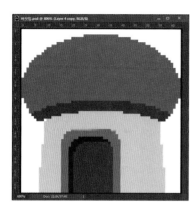

20 문틀의 바깥쪽에도 어두운 황토색(#652908)을 칠합니다.

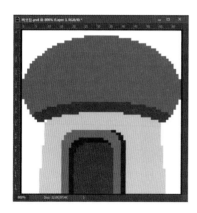

21 문에 밝은 황토색(#a06927)의 십자무늬를 넣겠습니다. ▦ 사각형 선택 윤곽 도구를 이용하여 직사각형의 선택 영역을 만들고 밝은 황토색(#a06927)을 채워 넣으세요.

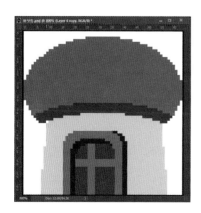

22 지붕에도 무늬를 넣겠습니다. 지붕 위에 새 레이어(Layer 4)를 만들고, 흰색 반점을 그려 넣습니다. 연필 크기를 키워서 적당한 위치에 점을 그려주세요.

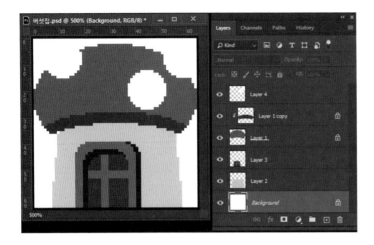

23 그런데 흰색 반점이 버섯 지붕의 바깥까지 그려졌습니다.

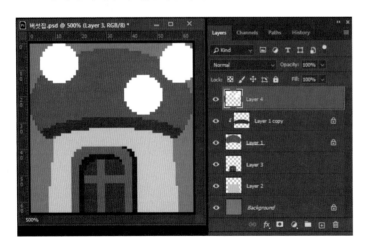

24 이럴 땐 레이어의 클리핑 마스크 기능을 이용하면 편리합니다. 레이어의 순서를 바꿔서 흰 색 반점이 그려진 레이어를 빨간 지붕의 레이어 마스크 안에 속하도록 옮겨주세요.

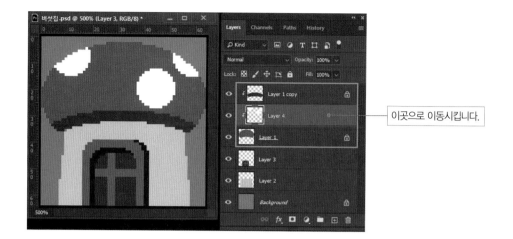

이곳으로 이동시킵니다.

25 이번에는 집 본체가 그려진 레이어(Layer 2)를 선택하고 ▦ 투명 픽셀 잠그기를 클릭해 Lock을 걸고 무늬(#cfae94)를 그리겠습니다. 'Layer 2' 레이어에 Lock을 걸면 집 본체가 그려진 영역 밖(투명 픽셀)에는 그려지지 않습니다. 연필 크기를 키워서 마음에 드는 곳에 찍으면 됩니다.

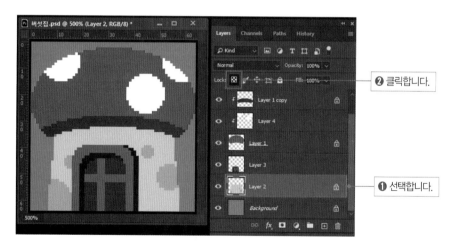

❷ 클릭합니다.

❶ 선택합니다.

클리핑 마스크와 레이어에 Lock을 거는 방식의 차이

두 방법 모두 같은 결과물을 만들 수 있습니다. 무늬가 그려진 레이어를 따로 만들 것인가 아닌가의 차이입니다. 디자인은 매번 처음부터 새로 그리지 않고 기존 작업물을 변형해서 또 다른 디자인을 만드는 경우가 많습니다. 그러므로 클리핑 마스크를 사용해서 무늬가 그려진 레이어를 합치지 않고 따로 두는 게 일반적입니다.

26 버섯 지붕과 집 본체 사이가 분리된 것처럼 보입니다. 집 본체에도 그림자(#a67869)를 그려주세요.

27 마지막으로 집 전체에 드리운 그림자를 넣을 것입니다. 가장 위에 새 레이어(Layer 5)를 추가하고, 집의 형태를 따라 보라색(#b23b8a)을 칠합니다.

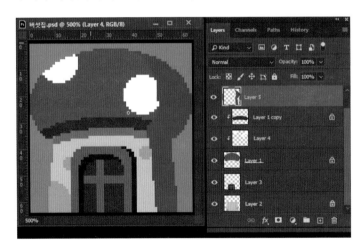

28 전체 그림자가 드리워진 레이어의 옵션을 Multiply(곱하기)로 바꾸고 Opacity(불투명도)를 50%로 바꿉니다.

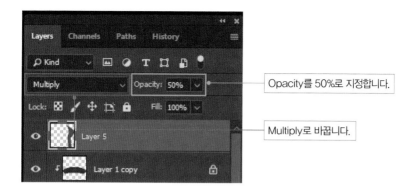

Opacity를 50%로 지정합니다.

Multiply로 바꿉니다.

29 버섯집 기본형이 완성되었습니다.

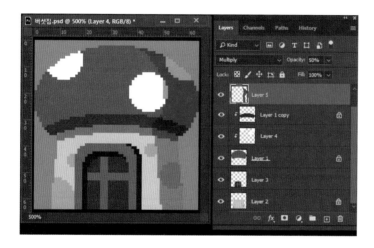

30 원하는 비율로 확대하고, *.png로 저장하면 됩니다.

8.9 마을 오브젝트 제작

지금 만든 버섯집 기본형을 바탕으로 다음과 같이 여러 디자인을 만들 수 있습니다. 색상을 바꿔도 좋고, 장식을 덧붙여도 좋습니다. 다양하게 응용해보길 바랍니다.

스테이지 위에 버섯집들을 올렸습니다.

그 밖에 나무 울타리, 나무와 꽃, 수풀 등 배경에 사용할 여러 오브젝트를 만들어서 스테이지 위에 올려보세요.

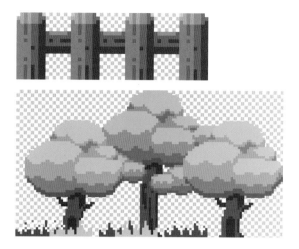

8.10 먼 산 제작

이번에는 산을 그려보겠습니다.

01 산은 집보다 멀리 있으므로 '산' 레이어는 '버섯마을'보다 아래에 그려져야 합니다. 작업 편의상 '캐릭터'와 '버섯마을' 레이어는 잠시 보이지 않게 합니다.

02 산은  다각형 올가미 도구로 쉽게 그릴 수 있습니다. 다각형 올가미 도구로 한 점 한 점 클릭하여 산 모양을 만들고, 마지막에 처음 클릭했던 위치로 다시 돌아오면 다각형의 선택영역 이 만들어집니다. 삼각형 모양의 산을 만들고, 코발트색(#668bb2)을 채웁니다.

03 '산' 레이어 아래에 새 레이어를 만들고 먼 산을 만듭니다. 먼 산은 가까운 산보다 흐릿하므 로 연한 코발트색(#69a5cf)을 채웁니다. 완성된 산은 원하는 비율로 확대한 후 각각 *.png로 저장하면 됩니다.

04 스테이지에 지금까지 만든 오브젝트들을 모두 올렸습니다. 이렇게 마을 배경이 완성되었습니다.

다음은 지금까지 만든 오브젝트입니다.

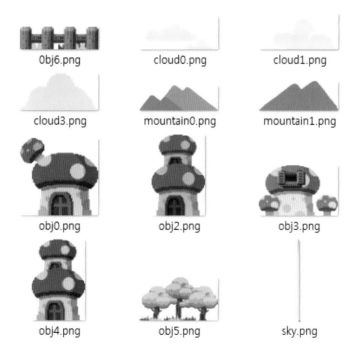

대기 원근법

가까운 산은 또렷하게 보이고, 멀리 있는 산일수록 흐릿하게 보입니다. 공기의 작용 때문입니다. 물체가 멀어질수록 환경(하늘)의 영향을 받아 빛깔은 푸름을 더하고, 채도가 감소하며, 물체의 윤곽이 희미해지는 현상을 대기 원근법이라고 합니다.

게임 배경도 이 원칙을 따릅니다. 그래서 보통 캐릭터와 가까이 있는 마을은 자세하게, 멀리 떨어져 있는 산은 단순하게 묘사합니다. 만약 산이 너무 밋밋해 보인다면 연한 색으로 산맥을 묘사해도 됩니다.

8.11 UI 제작

이번에는 캐릭터가 움직일 수 있도록 하는 좌우 방향 버튼과 점프 버튼을 만들겠습니다. 그리고 현재 수집한 코인 수를 알 수 있는 상단 UI도 만들겠습니다.

8.11.1 방향 버튼

먼저 캐릭터가 움직일 수 있도록 하는 좌우 방향 버튼과 점프 버튼을 만들겠습니다.

01 32×32의 새 캔버스를 만들고 '방향버튼.psd'로 저장합니다.

02 새 레이어를 추가한 후 가운데에 흰색으로 24×24 크기의 사각형을 그립니다.

03 지우개로 다음과 같은 모양이 되도록 지웁니다.

04 Ctrl 키를 누른 상태로 레이어의 썸네일을 클릭하면 선택 영역이 만들어집니다.

05 해당 레이어에 그려진 영역 그대로 선택 영역이 만들어졌습니다. 도형을 따라 점선이 깜빡이고 있을 것입니다.

06 메뉴에서 Select(선택) → Modify(수정) → Expand Selection(확대)을 선택하고 선택 영역을 3픽셀만큼 늘립니다.

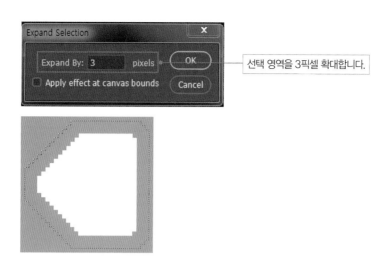

선택 영역을 3픽셀 확대합니다.

07 메뉴에서 Edit(편집) → Stroke(획)를 선택하고 바깥쪽(Outside)으로 1픽셀의 외곽선을 그려줍니다.

1픽셀 두께로 그립니다.

흰색 선을 그립니다.

선택 영역 바깥쪽으로 그립니다.

08 전경색을 검정으로 바꾼 뒤 이번에는 안쪽으로 1픽셀의 선을 그려주고 선택 영역을 해제합니다.

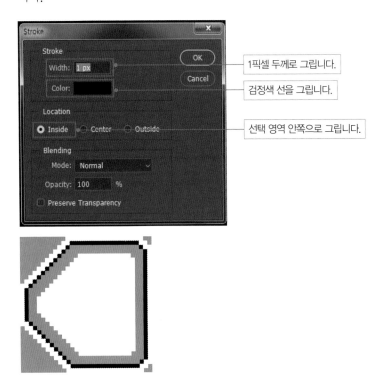

1픽셀 두께로 그립니다.

검정색 선을 그립니다.

선택 영역 안쪽으로 그립니다.

09 왼쪽 방향 버튼이 만들어졌습니다. 만들어진 방향 버튼을 배경 위에 올려보겠습니다.

10 오른쪽 방향 버튼은 왼쪽 방향 버튼을 좌우 반전하면 쉽게 만들 수 있습니다. 왼쪽 방향 버튼이 그려진 레이어를 복제합니다.

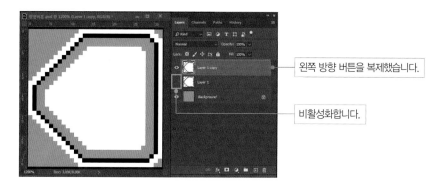

왼쪽 방향 버튼을 복제했습니다.

비활성화합니다.

11 메뉴에서 Edit(편집) → Transform(변형) → Flip Horizontal(가로로 뒤집기)을 선택하면 간단하게 오른쪽 방향 버튼이 만들어집니다.

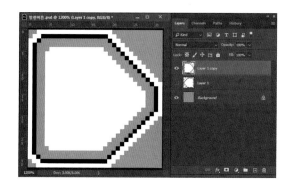

12 점프 버튼은 어떻게 만들 수 있을까요? 방향 버튼이 그려진 레이어를 복제하고 반시계 방향으로 90도 회전시키면 됩니다. 메뉴에서 Edit(편집) → Transform(변형) → Rotate 90° Counter Clockwise(시계 반대 방향으로 90° 회전)를 선택합니다.

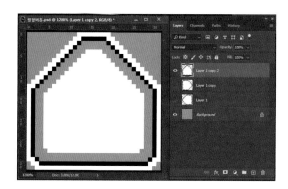

13 지금까지 만든 버튼을 모두 '스테이지.psd' 위에 올려보았습니다.

14 버튼이 흰색이라 너무 도드라져 보입니다. 버튼을 반투명하게 바꾸겠습니다. 방법은 간단합니다. 레이어의 Opacity(불투명도)를 50%로 조정합니다.

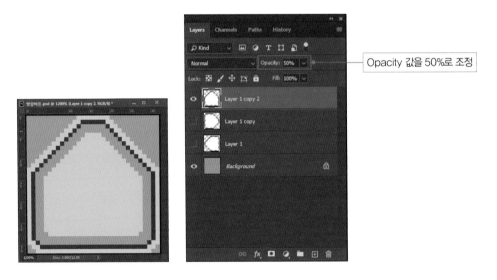

15 한결 눈이 덜 아프죠? 방향 버튼도 같은 방법으로 수정하면 됩니다.

16 각각의 방향 버튼을 원하는 비율로 확대하고, *.png로 저장합니다.

8.11.2 가변형 UI 리소스

가변형 UI 리소스는 게임에서 자주 사용합니다. 가변형 이미지는 테두리를 유지하면서도 가운데만 늘려 쓸 수 있어서 작은 조각 한 개만 가지고 있으면 엔진에서 자유자재로 늘려서 사용할수 있습니다. 최소한의 크기로 줄여서 딱 1개만 *.png 리소스로 저장하면 됩니다.

말풍선이나 텍스트 기반 버튼은 모두 이런 방식으로 만듭니다.

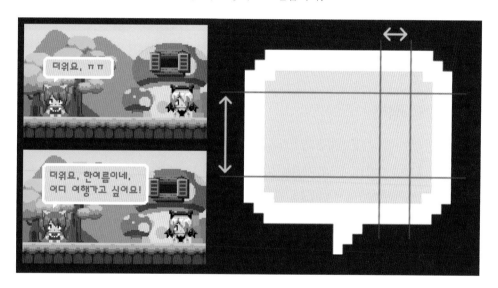

8.11.3 일시 정지, 환경 설정 버튼

다음과 같은 일시 정지 버튼과 환경 설정 버튼을 각각 32×32 크기로 그린 후 스테이지 위에올려보세요.

8.12 요점 정리

• 여러 개의 레이어를 가진 게임은 원근법을 고려해야 합니다.

• 우리가 아름답다고 하는 마을의 사진을 보면 사용된 재료는 같지만 집마다 조금씩 다른 특징
이 있습니다. 이번 게임의 버섯마을도 버섯집이라는 기본 재료는 같지만 어떤 집은 2층, 어떤
집은 집 옆에 작은 버섯, 어떤 집은 지붕 위에 작은 버섯이 있습니다. 그러면서도 단조로워지
지 않게 지붕 색에서 변화를 주었습니다. 테마에서 크게 벗어나지 않는 배경 오브젝트를 디
자인하는 것이 중요합니다.

플랫포머 게임 만들기(3)

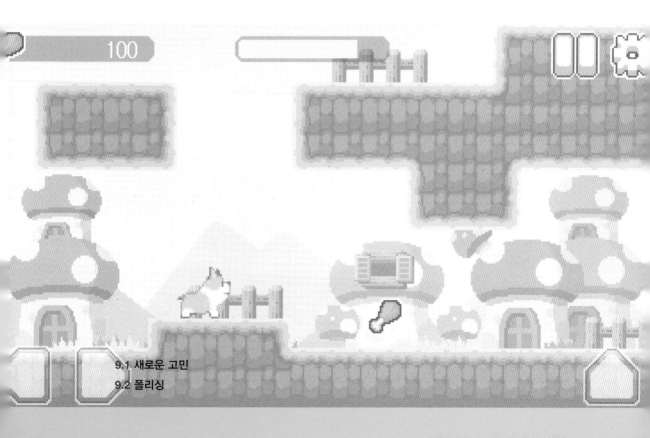

게임을 만들다 보면 게임 요소가 배경에 묻혀 전체적인 조화를 이루지 못하는 경우도 있습니다. 이 장에서는 게임을 만들 때 발생할 수 있는 문제점을 알아보고 해결 방법을 살펴보겠습니다.

9.1 새로운 고민

게임을 만들다 보면 '아, 이 게임의 특징과 저 게임의 특징을 합치면 더 재밌는 게임이 될 것 같다'는 느낌이 들 때가 있습니다. 그래서 7장과 8장에서 만들었던 플랫포머 게임을 하나로 합쳐봤습니다. 하지만 기대와 달리 패닉 상태에 빠지게 되었습니다. 이런 일은 굉장히 흔합니다.

머릿속으로 상상할 땐 괜찮을 것 같았는데, 막상 한군데 합쳐놓고 보니 너무 정신없어 보입니다. 정성으로 한 땀 한 땀 만들었고, 각각의 게임에선 다 괜찮았는데 말이죠. 어디가 잘못된 걸까요? 어디서부터 손을 대야 할까요? 이런 고민을 하나씩 적어봤습니다.

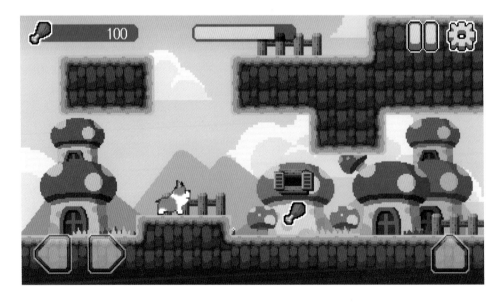

- 고민 1 : 캐릭터가 배경에 묻힙니다. 캐릭터가 잘 보이게 좀 더 밝은 색으로 바꿔볼까 했는데 그보다 더 밝은 색이 없어요.
- 고민 2 : 가까운 배경과 먼 배경을 열심히 만들었는데 화면이 답답해요. 그렇다고 막상 하나 빼려고 보니 배경이 너무 허전해보여요.
- 고민 3 : 게임 화면을 오래 보고 있었더니 눈이 너무 아파요.

그렇다면 이 게임은 어떻게 수정해야 할까요?

9.2 폴리싱

'뭐야! 기껏 다 만들었는데 다시 수정하라고?' 아쉽게도 한 번에 완성되는 게임은 없습니다. 게임 내 그래픽 요소들을 수정해서 완성도를 점점 더 올리는 과정을 폴리싱^{polishing}이라고 합니다. 보통 게임그래픽은 여러 명이 나눠서 작업하는데, 기준이 되는 캐릭터나 배경을 보면서 작업하지만 막상 하나의 게임으로 합쳐놓고 보면 아쉬운 부분이 눈에 보일 수밖에 없습니다. 그래서 색의 강약을 조절하거나 디테일을 수정하는 등 조금씩 개선하면서 전체적인 조화를 맞춰나갑니다. 모든 게임은 이렇게 여러 번의 폴리싱 과정을 거칩니다.

9.2.1 주인공은 누구?

영화를 제작하고 있다고 합시다. 배우들 모두 각자의 이야기가 있고, 저마다 맡은 역할이 있습니다. 그런데 만약 모두가 그 영화의 주인공이 되려고 하면 어떻게 될까요? 감독이 의도했던 이야기를 관객에게 잘 전달할 수 있을까요? 게임도 마찬가지입니다. 그래서 전체적인 강약 조절이 필요합니다. 캐릭터와 배경, UI 중에 무엇이 가장 잘 보여야 할까요? 물론 내가 플레이하는 게임 속의 주인공 캐릭터겠지요.

만일 캐릭터가 배경에 가려져 잘 안 보인다면 어떻게 하면 좋을까요? 다음 두 가지 방법으로 해결할 수 있습니다.

- 캐릭터에 장식을 붙여서 화려하게 꾸밉니다.
- 배경을 눈에 덜 띄게 수정합니다.

그런데 막상 캐릭터를 더 화려하게 꾸미고 싶어도 불가능할 때가 있습니다. 예를 들어 캐릭터에 흰색, 노랑, 빨강이 사용되었는데, 이보다 더 눈에 잘 띄는 색이 있을까요? 이런 경우 배경을 수정해야 합니다. 한 단계 묻혀 보이도록 말이죠.

9.2.2 대략적인 느낌 보기

포토샵에서 색상을 보정하는 방법은 여러 가지가 있습니다. 오브젝트 하나하나 색상을 수정하면서 직접 밸런스를 맞춰볼 수도 있지만 어느 정도 수정하면 적당할지 대략적인 느낌부터 눈으로 알아볼 수 있다면 더 좋을 겁니다.

디자인 작업을 하다 보면 가끔 레이어가 100개 넘어갈 때도 있습니다. 그래서 비슷한 기능을 하는 레이어끼리 그룹으로 묶어서 관리합니다. 레이어 그룹의 투명도를 활용하면 개별로 수정하기 전에 어느 정도 색에 맞춰야 캐릭터와 배경이 어울릴지 미리 볼 수 있습니다.

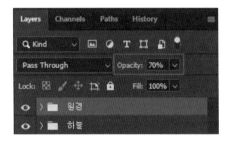

9.2.3 색의 강약

앞서 만들었던 버섯집 중 하나를 꺼내서 Background(배경) 레이어를 제외한 버섯집의 모든 레이어를 합치고, Opacity(불투명도)를 70%로 조정해봅시다.

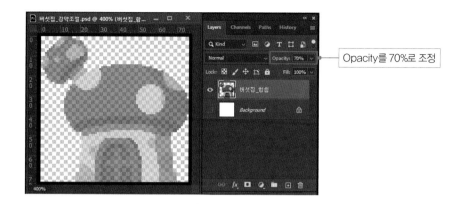

그런데 만약 이대로 *.png로 저장하면 나중에 게임에 올렸을 때 뒷배경이 그대로 투명하게 비춰 보이게 됩니다. 다음 그림처럼 버섯집에 산과 구름이 비춰 보이면 곤란하겠죠?

뒷배경이 비춰 보입니다.

불투명도를 100% 이하로 하더라도 뒷배경이 보이지 않도록 만들어보겠습니다.

01 '버섯집_합침' 레이어를 복제합니다.

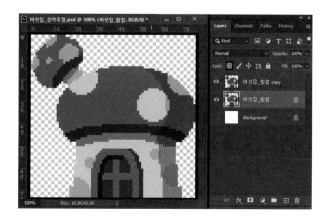

02 전경색을 하늘색(#7cdbff)으로 바꿉니다.

03 `Ctrl` 키를 누른 상태에서 '버섯집_합침' 레이어의 썸네일을 클릭하면 현재 레이어에 그려진 영역을 따라 선택 영역이 만들어집니다.

04 `Alt` + `Delete` (전경색으로 채우기)를 눌러 전경색으로 채웁니다.

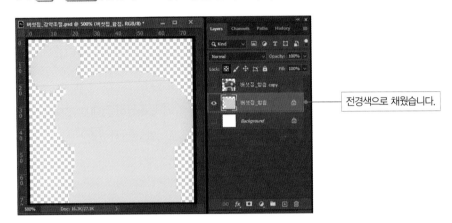

전경색으로 채웠습니다.

05 위에 있는 '버섯집_합침 copy' 레이어의 Opacity(불투명도)를 70%으로 바꿉니다(아래에 있는 '버섯집_합침' 레이어의 투명도는 100%).

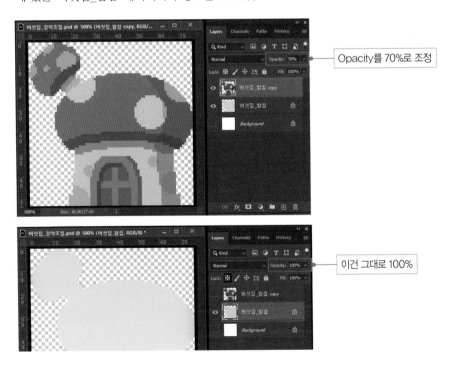

Opacity를 70%로 조정

이건 그대로 100%

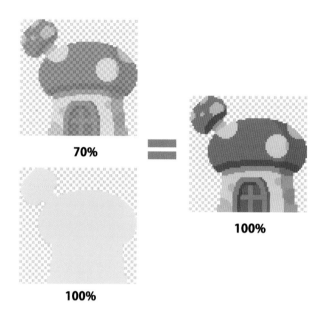

70%

100%

100%

06 두 레이어를 합칩니다.

07 이렇게 색상 보정을 마친 후 다시 *.png로 저장합니다.

08 다른 오브젝트도 같은 방법으로 색상을 보정하고 다시 *.png로 저장하면 됩니다.

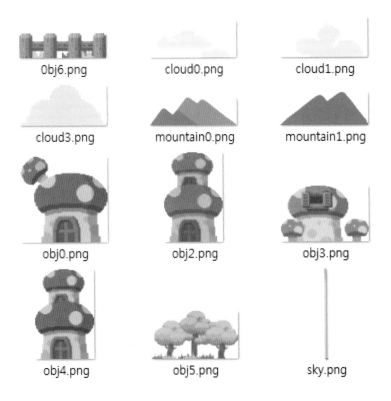

09 이제 밟을 수 있는 배경(바닥)과 밟을 수 없는 배경(경치)이 한 눈에 구별되죠?

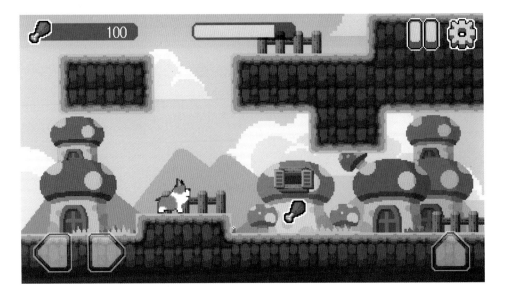

9.2.4 디테일의 강약

같은 무늬가 계속 반복되면 우리는 쉽게 피곤함을 느끼게 됩니다. 그럴 땐 눈이 편안해질 수 있
도록 디테일의 강약을 조절해야 합니다. 바닥 타일을 단순하게 바꾸는 것도 한 가지 방법입니다.
그래도 원경이 있기 때문에 배경은 심심해 보이지 않습니다. 오히려 원경과 근경이 확실히 구분
되어서 눈이 더 편안하게 됩니다. 이제 게임할 때 시선이 자연스럽게 캐릭터에게 갈 수 있게 되
었습니다.

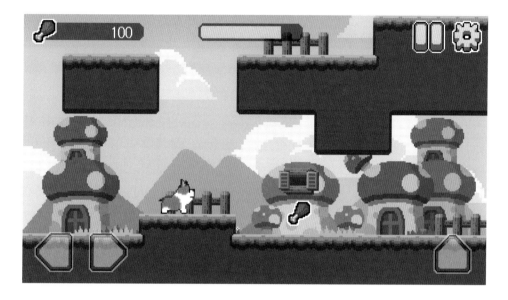

지금까지 여러 플랫포머 게임을 만들어보았습니다. 사실 '무엇을 어떻게 그리느냐?'의 영역이
지, 어떤 장르의 게임이든 리소스 제작 방법은 비슷합니다. 이 책에 소개한 내용을 모두 이해했
다면 다른 장르의 게임도 얼마든지 응용하여 만들 수 있을 겁니다.

도트 작업이라고 하면 다들 옛날 오락실 게임을 떠올립니다. 내가 좋아했던 게임 속 주인공을 따라 그려보면서 '아, 나도 도트 해보고 싶다!'는 작은 꿈을 품게 됩니다. 웹에서 도트 튜토리얼을 찾아보면서 시작해보지만 막상 따라 그려보면 생각보다 어렵습니다. 누가 가르쳐주는 것도 없고, 지금 내가 하고 있는 방법이 맞는 건가 싶고, 역시 이 길은 내 길이 아닌 것 같아 하고 포기하고 싶은 생각이 무수히 떠오릅니다. 지금 '어? 이거 내 얘기인데' 하는 분들 많죠? 17년 전에 제가 게임회사 도트 디자이너로 처음 일하게 되면서 생각했던 고민입니다.

그래픽 디자이너들은 각자 고민하고 연구하면서 그들의 게임을 발전시켜왔습니다. 참고 자료를 찾아보고 따라 그려보면서 마침내 자신만의 그림을 그려내는 것은 모든 디자이너의 숙명일지도 모릅니다. 저 역시 일하면서 그렇게 배웠으니까요. 첫 회사 때 제 사수는 저에게 보면서 연구하라고 여러 게임 참고 자료를 건네주었고, 기획자님은 빗자루 들고 본인이 직접 포즈를 취해주셨거든요. 그래서 전 지금도 오프라인 강의를 할 때 50cm 투명자를 들고 직접 포즈를 취하곤 합니다. 실제 사람의 움직임이 가장 좋은 참고 자료니까요.

어릴 적 TV에서 밥 아저씨가 늘 말씀하셨던 '참 쉽죠?'는 지금 생각해보면 반만 맞는 말이었습니다. 붓 터치와 배색의 의미를 이해하고 있는 사람에겐 빠르고 쉽게 그릴 수 있는 꿀팁이지만 그게 모든 사람에게 쉬운 건 아니었습니다. 디자이너끼리는 대충 말해도 서로 무슨 얘기를 하려는 것인지 알아듣습니다. 그래서 서로 긴 설명이 필요 없지만 초심자를 만나면 다음과 같은 상황이 종종 벌어집니다.

> 고참 : "이렇게 하면 돼요(빠르게 시연)... 네? 이게 어렵다고요? 다시 보여 드릴게요(또 빠르게 시연). 아... 이건 정말 쉬운 건데 이걸 대체 어디서부터 설명해야 하나..."

> 신참 : "(몇 번 고쳐 보고) 해봤는데 역시 전 안 되겠어요. 이 길은 제 길이 아닌가 봐요."

그래서 이 책에서는 기본적인 내용을 많이 다뤘습니다.

도트로 게임 만드는 방법은 제가 이 책에서 소개한 방법들만 있는 건 아닙니다. 디자이너마다 각자 가지고 있는 노하우는 다르니까요. 아무쪼록 도트게임을 만들고 싶은 막연한 꿈을 품은 많은 분께 이 책이 도움이 되었기를 바랍니다.

책을 읽다가 혹시 궁금한 게 있으면 페이스북 '유유자적 라이프'로 질문 주세요. 이곳은 제가 운영하는 페이지로, 지금까지 만든 인디 게임 이야기를 올리는 공간입니다.

https://www.facebook.com/livefreelygames

INDEX

INDEX